AF403503

LES DOVZE CLEFS

DE PHILOSOPHIE

de Frere Basile Valentin, Religieux de l'ordre Sainct Benoist.

Traictant de la vraye Medecine Metalique.

Plus l'Azoth, ou le moyen de faire l'Or caché des Philosophes.

TRADVCTION FRANCOISE.

À PARIS,

Chez IEREMIE ET CHRISTOPHE PERIER, à la grand Salle du Palais, ioignant les Consultations.

M. DC. XXIII.

Auec Priuilege du Roy.

A
MONSIEVR
LE BARON DV
PONT, DE L'ILLVSTRE
& antique maiſon de Marconay
en Mirebalais, Gentilhomme ordinaire de la Chambre du Roy.

ONSIEVR,
Dés le cõ-
mencemẽt
que la cu-
rioſité a ſollicité mon
eſprit à la recherche des

ã ij

sciences tant diuines
qu'humaines, pour ser-
uir le public, j'ay cher-
ché le moyen de faire
en sorte que les choses
que ie mettois en lumie-
re luy feussent vtiles &
profitables, & ainsi les
presenter à des person-
nes capables de iuger
d'icelles, côme je faicts
de ces douze Clefs que
je vous presente , les

ayant fait traduire d'A-
lemand en Latin & de
Latin en François, desi-
rant d'esguillonner les
esprits les plus doctes à
pareil desir que le mien,
pour obliger d'autant
plus les curieux, & leur
donner en nostre lan-
gue les bons liures qui
traictent de cette scien-
ce, qui côduit peu à peu
l'homme à la cognois-

sance de soy-mesme,
& de la nature,& com-
me ie sçay que vous
auez grandement tra-
uaillé à cette recher-
che, Aussi ie puis af-
seurer que vous n'y a-
uez pas perdu le temps,
ayant eu les comman-
demens du feu Roy
Henry le Grãd, d'heu-
reuse memoire, pour
voyager és plus loing-

tains pays de ce Roy-
aume pour en descou-
urir les plus occultes secrets, par tradition que
l'excellence de voſtre
eſprit ſ'eſt peu procu-
rer, par la communi-
cation de tant de bra-
ues hommes , dont la
cognoiſſance ne vous
a pas eſté inutile: & tout
ainſi que cõme les abeil-
les ramaſsét les plus bel-

les fleurs pour en faire le miel doux & aggreable, vous auez aussi ramassé vers vous les plus beaux esprits de l'Europe pour en faire vostre racourcy & ruche des sciences, afin d'en faire gouster la douceur à ceux qui n'estoient point profanes & ennemis de cette recherche, qui a charmé les esprits

les plus purs, par les at-
traicts de sa beauté, en
la côsideration que cet
Amour est vn mouue-
ment de l'ame au bien,
& comme je croy que
vous estes épris de cet
Amour, aussi je m'af-
seure que vous recep-
urez cet ouurage auec
autant d'affection que
moy rauy de volonté,
de seruir les hommes

de voſtre merite , ſur l'aſſeurance auſsi que voſtre authorité la cõ-ſeruera de l'iniure du temps & de l'enuie: Re-ceuez donc, Monſieur, ces douze Clefs,ou biẽ la Clef entiere d'vne veritable ſciẽce (com-me dit Hermes, qu'el-le eſt ſans menſonge à ceux qui le ſçauent veritablement , vous

reputant au moings
pour vn de ceux qui
n'en font pas bien ef-
loignez) auec autant
d'affection que i'ay de
paſsion à ne reſpirer
que l'honneur de vous
feruir de grãde affectiõ
& d'eſtre à iamais,

MONSIEVR,

Voſtre tres-humble & tres-
affectionné feruiteur.

IEREMIE PERIER.

PREFACE
AV LECTEVR.

I L y a plus de trois ans paffez(Amy
Lecteur) que i'ay faict traduire les
œuures Philofophiques de Frere
Bafile Valentin, Religieux de l'or-
dre S. Benoift, tres-docte perfonnage, lequel a
fi bien efcrit, que fes œuures font dignes d'e-
ternelle memoire, mefmes par l'aduis des plus
doctes de ce temps : Ce qui m'a le plus per-
fuadé de les faire veoir, a efté la priere que
m'en ont fait plufieurs perfonnes de qualité,
lefquels defirans de contenter, ie les ay fait traduire d'Alemand & de Latin en noftre langue
Fràçoife, & les dóner à ceux de ma patrie, fça-
chant qu'elle eft à profent la plus curieufe de
toutes les autres nations de l'Europe, ç'eft la
principale confideration qui m'a induit à les
mettre en lumiere, croyant qu'elles feroiét ne-
ceffaires au public, afin mefmes qu'elles peuf-
fent feruir à plufieurs pour les deftourner d'v-
ne infinité de chofes inutiles à quoy ils s'adon-
nent, & fe ranger fous les vrays fentiers de la
Nature, qui eft le lien indiffoluble par lequel
ils fe difpoferont au deuoir de la raifon, & ce
faifant Dieu leur fera la grace de paruenir à la

deſiree definition d'vne grace ſpeciale, par laquelle ils paruiédront à la ſupernelle vocation,
faiſant les choſes à l'honneur & gloire de celuy qui poſſede toutes choſes, & auſſi que luy
qui eſt autheur de la nature n'agit en nous que
par vne extraordinaire inſpiration qu'il nous
dōne par ſon ſainct vouloir, lors qu'il cognoiſt
que nous auons la volonté de bien faire : c'eſt
cela qui a tant eſmeu de gens doctes à chercher les curioſitez naturelles, afin de faire du
profit au public, & principalement aux pauures, & non ſeulement en noſtre France, mais
en diuerſes contrees il y a pluſieurs autheurs
qui ont bien faict des liures de ceſte ſcience, &
qui certifient qu'encores que malaiſement on
ne la peut pas bien cognoiſtre, que neátmoins
elle eſt veritable, & ay veu vn liure Italien d'vne
ne Damoiſelle qui s'appelle Dona Iſabella
Corteſi qui a faict des vers en ſa langue ſi bien
faits, que ie ne les puis oublier à vous les reci-
ter en ce lieu.

Sal fa il fetor ingrato
E fa ogni membro albato,
Riſolue è ben liquora
Purga ogni coſa ancora,
E vietto é retto
Fugitiui tien ſtretto,

E nulla senſa ſale
Pratica noſtra vale.

ALTRO VERSI.

L'arte ſta in aque pura
E altro à far non cura
Genera la tintura
Coſa che al foco dura,
Mercurio ſtruger ſuole
Ogni foliato ſole,
Lo diſſolue é fa el mole
L'alma del corpo il tole
E dopo lo congela
A chi Dio lo riue la.

QVATRAIN.

Ce Phœnix nonpareil auec ſa treſſe blonde,
Que Phœbus nous enuoye de la race des Dieux
Compaſſant tripl' en vn, qui deſcĕd des hauts
  lieux,
Pour le veoir icy bas victorieux du monde.

STANCES SVR LA
figure suiuante du Phœnix.

I.

Dieu qui tous composa du plus pur de la terre,
Quand ce Chaos fut faict, & ce qu'elluy enserre,
Il le mit au pouuoir de toute la Nature,
Qui nous fait veoir au iour le Sel, Soulfre & Mercure.

I I.

Ce pourpris estant faict, & cette masse ronde,
Les Elemens vnis & tout ce qu'est au monde,
Les Germes qui y sont, ce qui est en Nature,
Ils naissent par le Sel, le Soulfre & le Mercure.

III.

Par eux tout le pouuoir se met en euidence,
L'estre qui s'en ensuit d'vne mesme prudence,
Tant que continuant de iour en iour Nature,
Faict agir soubs le ciel le Sel, Soulfre, & Mercure.

IIII.

Plus tout se continuë d'vne grand fermeté,
Plus tout ce qui se faict est solide arresté,
Et par Indiuidus se dispose Nature,
Par lesquels se refait le Sel, Soulfre, & Mercure.

V.

Puis encore tousiours elle se multiplie,
Faisant qu'en alterant la terre soit remplie
D'humeur, que tous les ans en la riche Nature,
L'esprit se recompose en Sel, Soulfre, & Mercure.

IEREMIE PERIER.

PREMIER LIVRE DE LA CLAVICVLE DE LA Pierre pretieuſe des anciens Phi-loſophes.

Compoſé par F. Baſile Valentin, de l'orure de S. Benoiſt.

AVANT-PROPOS.

EN ma preface (du traicté de la genera-tion des Planettes) ie me ſuis obligé, Amy Lecteur, en faueur de ceux qui ſont curieux de ſcience, & deſireux de rechercher les ſecrets de la Nature, & enſei-

A

gner (felon le moyen que Dieu
m'en a donné) d'où , & de quelle
matiere nos anceftres ont premierement tiré, puis preparé la pierre
triangulaire, donnée par la liberalité du fouuerain Dieu , (de laquelle
ils fe font feruis pour entretenir leur
fanté durant le cours de cette vie
mortelle, & pour faupouldrer cóme
de fel celefte les malheurs de ce móde:) Or afin que ie tienne ma pro-
meffe, & que ie ne t'enuelope point
dans les fophiftications fallacieu-
fes, mais que ie monftre, comme
l'on dit , depuis vn bout iufques à
l'autre, la fource de tous biens: Sois
attentif, & confidere diligemment
ce que ie vay dire, (fi tu és defireux
de fcience) car il ne me plaift point
à parler en vain , & telle n'eft pas
mon intention, que de me feruir à
cet effect de paroles friuoles , veu

qu'elles ne feruent de rien , ou de
bien peu pour apprendre : bien au
contraire , c'eſt tout mon but que
de môſtrer en peu de mots des choſes qui ſoiét appuyees & fondees ſur
de bons fondemens, & fondees ſur
des experiences tres-certaines.

Or il faut ſçauoir qu'encores que
beaucoup ſe facent accroire de pouuoir conſtruire cette Pierre, fort peu
neantmoins en viennent à bout, car
Dieu n'en a communiqué la cognoiſſance de l'operation qu'à fort
peu, & à ceux là principalement
qui haïſſent le menſonge , embraſ-
ſent du tout la verité, & qui s'adon-
nent aux Arts & ſciences, & ſur tout
à ceux qui l'ayment grandement, &
luy demandent auec grande inſtan-
ce & prieres ce precieux don.

C'eſt pourquoy je t'aduertis, ſi tu
veux chercher noſtre Pierre, de ſui-

ure mon conseil, en premier lieu,
prie Dieu qu'il fauorise tes œuures:
& si tu sens ta conscience chargee
de pechez, ie te conseille de la des-
charger & nettoyer par vraye con-
trition & confession , & que tu te
deliberes de perseuerer tousiours en
la vertu, afin que ton cœur soit con-
forme en tout bien, & ton esprit es-
clairé de la lumiere de verité : outre
cela delibere en toy mesme, que si
apres auoir acquis ce don diuin, tu
és esleué en honneur , de tendre la
main aux pauures embourbez dans
le limon de la pauureté, refaire & re-
staurer de ta liberalité ceux qui sont
rompus & lassez de malheurs, & re-
léuer de tes richesses les accablez de
misere, afin que plus aisément tu
ayes la benediction de Dieu, & que
ta foy estant confirmee par les bonnes œuures, tu puisses en fin iouyr

de la beatitude eternelle.

Outre plus, ne mefprife pas les liures des anciens Philofophes , qui
pour le certain ont eu la Pierre deuant nous, mais lis-les entierement,
car apres Dieu ce font ceux qui font
caufes que ie l'ay euë, lis-les plus d'v-
ne fois, afin de n'oublier les principes , que tes fondemens ne rom-
bent, & que la lumiere de la vérité
ne foit efteinte.

En outre, fois diligent à la recherche des chofes qui s'accordent auec
la raifon, & auec les liures des anciens, ne fois point muable , mais
vife conftamment au but, auquel ti-
rent & s'accordent tous les fages , &
fouuiens toy qu'vn efprit mobile
n'a point de pied ftable , & qu'vn
Architecte de legere tefte à grand
peine peut baftir vn edifice ferme
& permanent.

A iij

De plus, ne prenant point noſtre Pierre, ſon eſtre & ſa naiſſance de choſes combuſtibles (veu qu'elle combat meſme contre le feu, &ſouſtient, ſans eſtre aucunement offencee, tous ſes efforts & embuſches) ne la tire point de telles matieres, eſquelles la toute puiſſante nature ne la peut mettre.

Par exemple, ſi quelqu'vn diſoit qu'elle eſt de nature vegetable, ce qui neantmoins n'eſt pas poſſible, bien qu'il apparoiſſe en elle ie ne ſçay quoy de vegetable : car il faut que tu ſçaches que ſi noſtre lunaire eſtoit de meſme nature que les autres plantes, elle ſeruiroit auſſi bien que les autres de matiere propre au feu pour bruſler, & ne remporteroit autre choſe de luy que le ſel mort, ou, comme l'on dit, la teſte morte : & bien que nos deuanciers

ayent escript bien amplement de la
Pierre vegetable , toutesfois si tu
n'és plus clair voyant que Lincee,
croy moy , cela surpassera la portee
de ton esprit, car ils l'ont seulement
appellée vegetable , pource qu'elle
croist , & se multiplie comme vne
chose vegetable.

Bref, sçache que pas vn animal ne
peut estendre son espece & engen-
gendrer son semblable, s'il ne le fait
par le moyen de choses semblables,
& d'vne mesme nature, voyla pourquoy ie ne veux point que tu mettes peine à chercher nostre Pierre
autre part, ny d'autre costé que dans
la semence de sa propre nature , de
laquelle la nature l'a premierement
produite. Tire de là aussi vne conse-
quence certaine, qu'il ne te faut aucunement choisir à cet effet vne nature animale, car comme la chair &

le sang ont esté donnez par le Createur de toutes choses aux seuls animaux, aussi du seul sang, a eux seul
particulier, eux seuls sont nays &
naissent tous les iours. Mais nostre
Pierre que j'ay euë par succession
des anciens Philosophes, est faite &
composee de deux choses, & d'vne,
esquelles est la troisiesme cachée,
& telle est la verité vrayement pu-
bliée sans aucune ambiguité & fraude, car le mary & la femme n'estoiét
pris par les anciens Philosophes que
pour vn mesme corps, non pas à
cause de ses accidens externes qu'ils
eussent, mais à cause de leur amour
reciproque, & la vertu vniforme
productiue de leur semblable, née &
inserée à l'vne & à l'autre, dés leur
premiere naissance. Et tout ainsi
qu'ils ont vne vertu conseruatiue &
propagatiue de leur espece, tout de

mefme la matiere de laquelle eſt
produict noſtre Pierre, ſe peut multiplier & eſtendre par la vertu ſemi-
naire qu'elle a: C'eſt pourquoy ſi tu
és vray amateur de noſtre ſcience,
tu ne feras pas peu d'eſtime de ce
que ie te viens de dire, & tu le con-
ſidereras attentiuement, de peur de
te laiſſer tirer auec les autres ſophi-
ſtes, aueuglez en cet endroict en la
foſſe d'ignorance, te precipiter en
ce gouffre, & en fin n'en pouuoir iamais reuenir.

Or, mon amy, afin que ie t'enſeigne d'où cette ſeméce, & cette matiere eſt puiſée, ſonge en toy meſme
à quelle fin & vſage tu veux faire la
Pierre, alors tu ſçauras qu'elle ne
s'extraict que de racine metalique,
ordonnee du Createur à la generation ſeulement des Metaux : Or
comprends en peu de paroles com-

ment cela se faict.

Au commencement, lors que l'esprit du Seigneur estoit porté sur les
eaux, & que toutes choses estoient
enueloppées dans les obscuritez te-
nebreuses du Chaos, alors Dieu tout
puissant & Eternel, commencemét
sans fin , la sagesse duquel est dés le
commencement, & dés l'Eternité,
par ses conseils inscrutables & pro-
uidens, crea de rien le Ciel & la terre, & tout ce qui est en iceux contenu visible & inuisible , quel nom
que tu leur baille ou leur puisse bailler: Car Dieu fit toutes choses de
rien: Or comment fut faite cette es-
merueillable creation , i'estime que
cen'est icy le lieu de s'en enquester,
car telles matieres doiuent estre plustost confirmées par la foy & par la
saincte Escriture. En cette creation
Dieu donna & comme versa à cha-

que nature, de peur qu'elles ne pe-
riſſent, eſtás ſubieċtes à corruption,
à chacune ſa ſemence, afin que par
telle vertu ſeminalle elles ſe peuſſent garentir de mort , & que les
hommes, les animaux, les plantes &
les metaux, peuſſent eſtre perpetuellement conſeruez, & ne fut pas
donnee à l'homme telle vertu, que
de pouuoir à ſon plaiſir, contre la volonté de Dieu, faire de nouuelles ſe-
mences, mais ſeulement luy fut permis de pouuoir eſtendre & multiplier ſon eſpece: Et Dieu ſe reſerua
la puiſſance de faire de nouuelles ſe-
mences , autrement la creation ſeroit poſſible à l'homme , comme
eſtant la plus noble creature, ce qui
ne ſe peut pas faire, mais doit eſtre
reſeruée au ſeul Creageur de toutes
choſes.

Quand à la vertu ſeminale des

Metaux, ie veux qu'ainſi tu la co-
gnoiſſes: Premierement l'influence
celeſte par la volonté & commandement de Dieu, deſcẽd d'enhaut,
& ſe meſle auec les vertus & proprietez des Aſtres, d'icelles meſlées
enſemble, il ſe forme comme vn
tiers entre-terreſtres: Ainſi eſt fai&
le principe de noſtre ſemence, & telle eſt ſa premiere production, par
laquelle elle peut donner aſſez ſuffi-
ſant teſmoignage de ſa race: De ces
trois ſe font les elemens, à ſçauoir,
l'Eau, l'Air, & la Terre, leſquels
moyennant l'ayde du feu, cõtinuel-
lement appliqué, l'on regiſt & gouuerne iuſques à ce qu'ils ayent produit vne ame qui aye moyenne nature entre les deux, vn eſprit in-
comprehenſible, & vn corps viſible & corporel : Quand ces trois
principes ſont ioincts enſemble par

vraye vnion, ils font par continua-
tion de temps, & par le moyen du
feu deuëment appliqué , vne fubftance fenfible ; fçauoir eft , *la
Mercurialle, la Sulfureufe, & la Sa-
line,* que Hermes & tous les autres
deuant moy , ne pouuant rien par
delà dés le commencement du
Magiftere , ont appellé les trois
principes, lefquels s'y eftans mis pro-
portionnément, l'on coagule , felon
les diuerfes operations de nature, &
la difpofition de la femence, ordonnee de Dieu à cet effect.

Quiconque donc fe propofe de
chercher la fource de cette falubre
fontaine, & efpere de remporter par
vn combat defiré, le prix de ce noble Art, qu'il me croye, atteftant le
Souuerain Dieu de cette verité, que
la part où fe trouuent l'Ame Metalique, l'Efprit Metalique, & le corps

Metalique, s'y trouuent auſſi infail-
liblement, l'*Argent vif*, *le Soulfre*,
& le Sel Metalique, leſquels neceſ-
ſairement ne ſçauroient faire qu'vn
corps parfaict Metalique.

Si tu ne veux pas entendre ce qu'il
te faut apprendre ; ou tu n'auras jamais eſté eſleué dans l'eſcolle de ſageſſe, ou tu ne ſeras pas enfant de
ſcience, ou bien Dieu t'eſtimera in-
digne & incapable de telle doctrine.

Ie te dits donc en peu de mots
qu'il te ſera impoſſible de tirer aucun profit ou fœlicité des matieres
metaliques, ſi tu n'aſſembles exactement en vne forme metalique ces
trois principes; Auec cela il faut que
tu ſçaches que non ſeulement l'hóme, mais meſmes auſſi tous les autres animaux terreſtres, compoſez
de chair & de ſang, ſont doüez d'A-

me & d'esprit vital, qu'ils sont des-
pourueuz neantmoins d'entende-
ment, qui est à l'homme seul particulier: C'est pourquoy quand ils
ne sont plus en vie, l'on n'en sçauroit rien tirer de bon, tout estant
mort en eux.

Mais quand l'Ame de l'homme
est contraincte par la mort & par la
disjonction d'auec le corps, de retourner à son Createur d'où elle est
venuë, elle vit tousiours, & en fin
retourne habiter auec le corps purifié & clarifié par le feu, de telle façon que l'Ame, l'Esprit & le Corps,
s'illuminent l'vn l'autre d'vne certaine clairté celeste, & s'embrassent de
telle sorte que jamais puis apres ils ne
peuuét estre des-vnis l'vn de l'autre.

Voyla pourquoy l'homme doit
estre, à cause de son ame, estimé
creature fixe, d'autant que (bien

qu'il semble mourir) il viura perpetuellement, la mort de l'homme à
cause de cela, n'est autre chose qu'v-
ne clarification, par laquelle (deuant
que passer comme par certains degrez ordónez de Dieu) il doit apres
auoir quitté cette vie mortelle, viure plus noblement, & d'vne vie
immortelle : Ce que n'estant ainsi
des autres animaux , l'on les doit
estimer creature non fixe, car apres
la mort ils n'ont aucune esperance
de resusciter & reuiure, pource qu'ils
sont despourueus d'Ame raisonna-
ble , pour laquelle a enduré & res-
pandu son precieux sang , le vray
mediateur & vnique fils de Dieu.

A la verité si l'esprit peut habiter
l'Ame & le corps ; il ne s'ensuit pas
neantmoins qu'ils soient liez ensemble , bien qu'ils soient en paix , &
ne soient en rien discordans l'vn de
l'autre,

l'autre, car ils ont encores besoing
d'vn lien plus fort, à sçauoir de l'A-
me pure, noble & incomprehensi-
ble, qui les puisse tous deux lier fermement, les garantisse de tous dangers, & deffende contre tous les ennemis: Car où l'Ame s'est departie
& est du tout esteinte, n'y a plus de
vie en cest endroict, & n'y a aucune
esperance de la recouurer, voyla
pourquoy vne chose sans Ame est
grandement imparfaicte, & voicy
vn grand secret, & que doit necessairement sçauoir le sage qui cherche nostre Pierre, ma conscience
m'a obligé à ne passer soubs silence
vn tel mystere, mais le descouurir
aux amateurs de nostre science: Poi-
se donc diligemment mes paroles,
& apprends que les esprits qui sont
cachez dans les metaux different
beaucoup l'vn de l'autre, l'vn estant

plus volatil, l'autre plus fixe, la mefme difference fe trouue en leur Ame,
& en leur corps. Tout metail donc
qui eft cópofé de tels efprits vrayement fixes (ce qui eft donné de particulier au feul Soleil) a vne grande
force & vertu, par laquelle il combat mefme contre le feu ,   & par fa
puiffance furmonte tous fes ennemis.

La Lune a en foy vn Mercure fixe , par lequel elle fouftient plus
longuement la violence du feu que
les autres metaux imparfaicts, & la
victoire qu'elle remporte , monftre
affez combien elle eft fixe, veu que
le rauiffant Saturne ne luy peut rien
ofter ou diminuer.

La lafciue Venus eft bien colorée,
& tout fon corps n'eft prefque que
teinture, & couleur féblable à celle
qu'a le Soleil, laquelle à caufe de fon

abondance, tire grandement ſur le
rouge, mais d'autant que ſon corps
eſt lepreux & malade, la teinture fixe n'y peut pas faire ſa demeure,
mais le corps s'enuolant, neceſſaire-
ment la teinture doibt ſuiure , car
iceluy periſſant, l'Ame ne peut pas
demeurer, ſon domicile eſtant conſommé par le feu, n'apparoiſſant &
ne luy eſtant laiſſé aucun ſiege , &
refuge, laquelle au contraire accom-
pagnee demeure tout auec vn corps
fixé.

Le Sel fixe, fournit au guerrier
Mars vn corps dur , fort , ſolide &
robuſte, d'où prouient ſa magnani-
mité & grand courage, C'eſt pourquoy il eſt grandement difficile de
ſurmonter ce valeureux Capitaine,
car ſon corps eſt ſi dur , qu'à grand
peine peut on le bleſſer : Mais ſi
quelqu'vn meſle ſa force & dureté

auec la conſtance de la Lune & la
beauté de Venus , & les accorder
par vn moyen ſpirituel, il pourra faire, non point tant mal à propos vne
douce harmonie, par le moyen de
laquelle le pauure homme s'eſtant
ſeruy à cet effet de quelques clefs de
noſtre Art , apres auoir monté au
haut de cette eſchelle , & paruenu
iuſques à la fin de l'œuure , pourra
particulierement gaigner ſa vie , car
la nature phlegmatique & humide
de la Lune peut eſtre eſchauffee &
deſſeichee par le ſang chaud & cole-
rique de Venus , & ſa grande noirceur corrigee par le Sel de Mars.

Il ne faut pas que tu cherches cette ſemence dedans les elemens , car
elle n'eſt pas ſi eſloignee de nous,
mais la nature nous l'a miſe bien
plus pres, & tu l'obtiendras, ſi tu re-
ctifies tellemét le Mercure, le Soul-

fre & le Sel (i'entends des Philoſophes) que l'Ame, l'eſprit & le corps
ſoient ſi bien vnis qu'ils ne ſe puiſſent iamais quitter, alors ſera faict le
vray lien d'amour, & ſera baſtie la
maiſon de gloire & d'honneur : Et
ſçaches que tout cecy n'eſt rien autre choſe que la clef de la vraye Phi-
loſophie, ſemblable aux proprietez
celeſtes , & l'eau ſeiche conioincte
auec vne ſubſtance terreſtre, toutes
leſquelles choſes reuiennent touſiours à meſme poinct, comme n'e-
ſtant qu'vne meſme, qui prend ſon
origine de trois, de deux, & d'vne.
Si tu frappes ce but & paruiens iuſques là, ſans doubte tu as accomply
le magiſtere: ioints par apres l'eſpoux
auec l'eſpouſe , afin qu'ils ſoient
nourris de leur chair & ſang propres,
& ſoient multipliez par leur ſemence à l'infiny, & encores que par cha-

rité ie voulusse bien t'en dire dauantage de peur neantmoins de passer
les bornes que Dieu m'a limitées, Ie
n'en parleray pas dauantage, ny plus
amplement, craignant que l'on abu-
se des grands dons de Dieu , & que
ie sois l'autheur & cause de tant de
meschancetez qui se commettroiét
d'encourre l'ire diuine , & ne sois
condamné auec les meschans , aux
peines eternelles.

Mon amy, si ces choses sont si obscures que tu n'y puisse rien comprendre, ie t'enseigneray encores
ma practique , par le moyen de laquelle i'ay faict, auec l'ayde de Dieu,
la pierre occulte, considere là diligemment , prens bien garde aux
douze Clefs, & les lis plus d'vne fois,
puis trauaille selon que ie t'ay instruict, à verité elle est vn peu obscure, mais au reste fort exacte.

Prens de bon or, mets le en pieces,
& le diſſoults comme enſeigne la
nature aux amateurs de ſcience, & le
reduicts en ſes premiers principes,
comme le Medecin a de couſtume
de faire diſſectió d'vn corps humain
pour cognoiſtre ſes parties interieu-
res, & tu trouueras vne ſemence qui
eſt le commencement, le milieu &
la fin de l'œuure, de laquelle noſtre
or & ſa femme ſont produicts, ſçauoir eſt vn ſubtil & penetrant eſprit, vne ame delicate, nette & pure,
& vn Sel & bauſme des Aſtres, leſquels eſtans vnis ne font qu'vne liqueur & eauë Mercurialle.

L'on mena cette eau au Dieu Mercure ſon pere, pour eſtre examinee,
& la voulut eſpouſer, & de fait l'eſ-
pouſa, & ſe fit d'eux deux vne huille
incóbuſtible, puis Mercure deuint
ſi orgueilleux & ſuperbe, qu'il ne ſe

recognut plus pour soy mesme, mais
ayant ietté ses aisles d'Aigle, il deuora la queuë glissante d'vn dragon, &
declara la guerre à Mars, incontinēt
Mars ayant assemblé la compagnie
de cheuaux legers, fit prēdre Mercure, le mit prisonnier, & constitua
Vulcan pour Geolier de la prison,
iusqu'a ce qu'il fust derechef deliuré par le Sexe feminin.

Tout aussi tost que le bruit fut
sceu par le pays, les autres planettes
s'assemblerent & consulterent de ce
qui estoit de faire doresnauant, afin
que tout fust gouuerné auec prudē-
ce & maturité de conseil, alors Saturne auec vne grauité nompareille
commença en cette façon à dire le
premier son aduis.

Moy Saturne, le plus haut des planettes, confesse & proteste deuant
vous que ie suis le moindre de tou-

tes, ayāt vn corps foible & corrupti-
ble, de couleur noire, subiet à toutes les aduersitez de ce miserable
monde: C'est moy toutesfois qui es-
prouue toutes vos forces , pource
que ie ne sçaurois demeurer en vne
place, & m'enuollāt i emporte tout
ce que ie trouue de semblable à
moy: Ie ne rejette la faute de cette
mienne calamité sur autre que sur
Mercure, qui par sa negligence &
peu de soing, m'a causé tous ces malheurs: C'est pourquoy ie vous prie,
& coniure toutes, de prendre sur luy
vengeance de cette mienne misere,
& pource qu'il est des-ja en prison,
que vous le mertiez à mort , & le
laissiez tellemēt corrompre &pour-
rir, qu'il ne luy reste aucune goutte
de sang.

Apres Saturne, se vint à leuer Iupiter tout chenu & cassé de vieilles-

fe, lequel ayant fait la reuerence , &
eftendu fon fceptre, falua chacun felon fa qualité, & ayant faiĉt vne petite preface, loua l'aduis de fon com-
pagnon Saturne, & voulut que tous
ceux qui ne trouueroient pas bonne
cette opinion feuffent profcripts &
exilez, & ainfi finit fon difcours.

Par apres s'aduança Mars auec
vne efpee nuë diuerfifiee d'admira-
bles couleurs (vous euffiez dit qu'elle eftoit entrelaffee comme de mi-
roirs iettans feu & flamme , à caufe
des rayons efpars çà & là fortantes
d'icelle) & la donna à Vulcan Geol-
lier de la prifon , pour executer la
fentence prononcée , & reduire en
poudre, les os de Mercure , apres
qu'il feroit mort : Vulcan luy obeït
incontinent comme executeur de
Iuftice , preft à faire ce qu'on luy
commanderoit.

Or apres que Vulcan se feust ac-
quit de son deuoir , l'on veit venir
comme vne belle femme blanche , & vestuë d'vn habit à femme,
long, de couleur grise & argentine,
tissu & entrelassé de beaucoup
d'eauës, & apres l'auoir les assistans
consideree de plus pres , ils cogneu-
rent tous que c'estoit la Lune , l'es-
pouse du Soleil , laquelle se ietta à
leurs pieds, & apres plusieurs sous-
pirs accompagnez de larmes , auec
vne voix tremblante & entrecoup-
pee de beaucoup de sanglots , pria
instamment que l'on deliurast le Soleil son mary , emprisonné par la
fraude & tromperie de Mercure,
qu'il faudroit autrement qu'il perist
auec Mercure, ja condamné à mort
par le iugement des autres planettes:
Mais Vulcan sçachant bien ce qu'il
auoit à faire, & ce qui luy auoit esté

ordonné, boucha l'oreille à ses prieres, & ne cessa d'executer la senten-
ce sur ses pauures criminels, iusques
à ce que vint Venus vestuë d'vne
robbe bien rouge, doublee de vert,
extremement belle de visage, auec
vne voix douce & courtoise, vne
contenance & façon de faire du
tout aggreable, portant vn bouquet
de fleurs odoriferantes, qui à cause
de l'admirable diuersité de couleurs
qu'elles auoient, apportoiét vn merueilleux contentement aux hommes: Elle pria en langue Caldaïque
Vulcan, qu'il deliuraft le Soleil,
& le fist ressouuenir qu'il deuoit
estre rachepté & deliuré par le Sexe
feminin, mais tout cela pour neant,
car il auoit les oreilles bouchees.

Comme ils parloient ensemble, le
Ciel s'ouurit, & en sortit vn grand
animal auec, & vne infinité de

petits, lequel tua Vulcan, & à gueulle
ouuerte deuora la noble Venus qui
prioit pour luy , & cria à haute voix,
les femmes m'ont engédré, les fémes
ont femé & efpars par tout ma feme-
ce, & en ont réply le móde, & leur a-
me eftvnie auec moy, c'eft pourquoi
auffi ie viuray de leur fang;ayant dict
cela à haute voix, il fe retire, accópa-
gné de tous fes petits en vne chábre,
ferma la porte, & mangea bien dauã-
ge que de couftume, beut fa premiere huile incóbuftible , & digera bien
plus aifémét fon boire & fon máger,
& creut beaucoup le nóbre infiny de
fes petits; & cela fe feit par tát de fois,
que tout le monde en fut remply.

Tout cecy s'eftát paffé de la façon,
plufieurs doctes gés du pays s'affem-
blerét, & fe mirét enféble à chercher
le moyen de cognoiftre ce myftere,
pour auoir plus parfaite cognoifsáce
de ce fait, mais ne s'accordát point en-

ſemble,ils ſe trauailloiét pour neant,
iuſqu'à ce qu'on veit venir vn vieil-
lard qui auoit la barbe & les cheueux
auſſi blancs que neige, il eſtoit veſtu
d'eſcarlatte depuis les pieds iuſques à
la teſte,auec vne courône d'or entre-
laſſee de pierres precieuſes de grand
valeur, En outre il eſtoit ceint d'vne
ceinture de toute gloire & bonheur,
& marchant nuds pieds,il parloit par
vn ſingulier eſprit qui eſtoit en luy,
ſes paroles penetroiét tout ſon corps,
& de telle façó que ſó Ame s'en ſen-
toit, cet hóme s'eſleuoit vn peu plus
haut que les autres,& faiſoit faire ſilé
ce aux aſſiſtans, & pource qu'il eſtoit
enuoyé du Ciel pour leur declarer &
expliquer par diſcours phyſique la
ſuſdite parabole & enigme, il les ad-
moneſtoit de preſter les oreilles ouuertes,& l'eſcouter patiemmént.

Ayant donc obtenu ſilence, il
commença ainſi ſon diſcours ; Eſ-
ueille toy peuple mortel, & regar-

de la lumiere, de peur que les tenebres & obscuritez ne te trompent,
les Dieux du bon heur, & les grands
Dieux m'ont reuelé cecy en dor-
mãt:ô qu'heureux est celuy qui a les
yeux esclairez pour voir la lumiere
qui luy estoit cachee auparauant, il
s'est leué par la bonté des Dieux
deux estoilles aux hommes, pour
chercher la vraye & profonde sagef-
se:regarde les & marche à leur clarté, pource que l'on y trouue la sagesse.

Vn oyseau Meridional viste & leger arrache le cœur du corps d'vn
grand animal d'Orient, l'ayant arra-
ché le deuore, baille aussi des aisles à
l'animal d'Orient afin qu'ils soient
semblables, car il faut que l'on oste
à la beste Orientale sa peau de Lyon,
& que derechef ses aisles disparoif-
sent, & qu'ils entrent dans la grand

mer ſalee, & en ſortent derechef,
ayant pareille beauté; alors iette ſes
eſprits remuans dans vn puits bien
creux ou l'eau ne tariſſe iamais, afin
qu'ils luy ſoient rendus ſemblables,
comme leur mere qui y eſt cachee,
& en a eſté compoſée, & pris ſa naiſſance des trois.

L'Hongrie m'a premieremét engendré, le Ciel & les Aſtres me
nourriſſent, la terre m'alaicte; Et
bien que ie meure & ſois enterré, ie
prens neantmoins vie & naiſſance
par Vulcan, c'eſt pourquoy l'Hongrie eſt mon pays, & la terre qui cṍ-
tient toutes choſes eſt ma mere; Les
aſſiſtans ayans entendu cela, il commença encores à parler.

Faicts que ce qui eſt deſſus ſoit
deſſous, que le viſible ſoit inuiſible,
le corporel incorporel, & faicts derechef que ce qui eſt deſſoubs ſoit
deſſus,

deſſus, l'inuiſible rendu viſible , &
l'incorporel corporel; & de cela de-
pend entierement toute la perfection de l'Art, où neantmoins ha-
bite la mort & la vie; la generation
& corruption: c'eſt vne boulle ronde où ſe tourne l'inconſtante rouë
de fortune, & apporte aux hommes
diuins toute ſageſſe & bon-heur,
l'on l'appelle de ſon propre nom
toutes choſes ; Dieu ſeul toutesfois
eſt ſouuerain, & a ſeul commandement ſur les choſes eternelles.

Or celuy qui ſera curieux de ſçauoir ce que c'eſt que toutes choſes dans toutes choſes , qu'il face
à la terre de grãdes aiſles, & la renco-
gne & preſſe tellement qu'elle monte en haut & vole par deſſus toutes
les montagnes , iuſques au firmament, alors qu'il luy couppe les aiſles à force de fer, afin qu'elle tombe

C

dans la mer rouge & s'y noye , puis
face calmer la mer, & desseiche ses
eauës par feu, & par air, afin que la
terre renaisse: & en verité il aura tout
dans toutes choses, & s'il ne le peut
trouuer, qu'il regarde dans son propre sein, & cherche & visite tout ce
qui est alentour de luy, & en tout le
monde, il trouuera tout dans tout:
ce qui n'est rien autre chose qu'vne
vertu stiptique & astringente des
metaux & mineraux, prouenans du
Sel & du Soulfre , & deux fois née
du Mercure : Ie te iure que ie ne
sçaurois te declarer plus amplement
toutes choses dans toutes choses,
veu que toutes choses sont compri-
ses en toutes choses.

Ayant acheué ce discours, mes
amis (dit-il) ie croy qu'en attendât
ainsi la sagesse, vous auez appris &
colligé de cette mienne harangue,

de quelle matiere, & par quel moyé
vous deuez faire la Pierre precieuse
des anciens Philofophes : Or cette
noftre Pierre ne guarit pas feulemét
les Metaux lepreux & imparfaicts,
& par regeneration les reduict &
conuertit en yne nature du tout ac-
complie ; mais auffi conferuant la
fanté des hommes, & les faict viure
longuement : & par fa celefte vertu m'a conduict à telle vieilleffe
que m'ennuyant de viure fi longuement ie voudrois def-ja quitter le
monde.

A Dieu en foit la louange, l'honneur, la vertu, la gloire, aux fiecles
des fiecles, pour la grace & fageffe
qu'il y a fi long temps qu'il m'a de
fa liberalité donnée. Ainfi foit il.

Ayant dit cela, il difparut de leurs
yeux & s'enuolla en l'air. Ces chofes
eftant paffées de la façon , chacun

s'en retourna d'où il estoit venu, &
banda tout chacun son esprit, &
opera selon la sagesse que Dieu luy
auoit donnée.

Fin de l'Auant-propos & pre-
mier liure.

LIVRE SECOND CONTENANT LA PREMIERE CLEF DE l'œuure des Philosophes.

CHAPITRE I.

De la preparation de la premiere matiere.

Caches mon amy, que tous corps immondes & lepreux ne sont propres à nostre œuure, car leur lepre & impureté, non seulement ne peut rien produire de bon, mais aussi empesche que ce qui est propre puisse produire.

Toute marchandise de marchand

tirée des minieres est venduë chacune à son prix ; mais lors qu'elle est
falsifiée, elle est renduë inutile, pource qu'elle est gastee , & n'estant pas
semblable à la naturelle, elle ne peut
faire les operations deuës.

Comme le Medecin purge le dedans du corps & nettoye toutes les
ordures, par les medicaments, tout
de mesme aussi , nos corps doiuent
estre purgez & nettoyez de toutes
leurs impuritez , afin qu'en nostre
generation, ce qui est parfaict puisse exercer des operations parfaictes,
car les sages demandĕt vn corps net,
point souillé ny contaminé par la
presence d'vn corps impur , pource
que le meslange des choses estran-
ges est la lepre & la destruction de
nos metaux.

Que la couronne du Roy soit d'or
tres-pur , & que l'on luy ioigne la

chaſte eſpouſe: Si donc tu veux operer en nos matieres, prens vn loup af-
famé & rauiſſant, ſubjet à cauſe de
l'etimologie de ſon nom au guerrier Mars, mais de race tenant de Saturne, comme eſtant ſon fils.

L'on le trouue dans les vallees &
montagnes touſiours mourant de
fin: Iette luy le corps du Roy, afin
qu'il s'en ſoulle, apres qu'il l'aura
mangé iettes le dans vn grand feu
pour y eſtre du tout conſommé, &
le Roy ſera deliuré: Apres que tu auras fait cela trois fois, le Lyon aura du tout ſurmonté le Loup, & le
Loup ne pourra plus rien conſumer
du Roy, & noſtre matiere ſera preparee & preſte à commencer l'œuure.

Et apprends que ce n'eſt que par
ce chemin là que l'on peut operer
nos matieres pures, car l'on laue &

purge le Lyon du fang du Loup, &
la nature du Lyon fe delecte mer-
ueilleufement en la teinture du
Loup, pource qu'il y a vne grande
affinité & comme parentage entre
le fang de l'vn & de l'autre ; Quand
donc le Lyon fe fera foullé & fon efprit fortifié,fes yeux reluyront & ef-
claireront comme le Soleil , & fera
fa force interieure bien grande & de
grand profit & vtilité à tout ce que
vous voudrez , & apres qu'il aura
efté deuément preparé, feruira de
grand remede aux Epileptiques, &
autres detenus de griefue maladie:
& dix lepreux le fuiurót voulát boire de fon fang , & tous ceux qui
font malades , quelque mal qu'ils
ayent, fe plairont grandement en
fon efprit : Bref tous ceux qui beu-
rót de cette fontaine decoulãte d'or,
feront rendus ioyeux de corps &

d’efprit, iouyront d’vne fanté parfaicte, fentiront vn reftabliffement de
leurs forces, reftauratió de fon fang,
confortement de cœur , & entiere
difpofition de tous leurs membres,
tant au dedans qu’au dehors, pource
qu’elle conforte les nerfs , & ouure
les conduits pour chaffer les maladies , & introduire en leur place la
fanté.

Mon amy, prens garde diligément
à ce que la fontaine de vie foit tres-
pure, & ne fe mefle quelqu’autre eau
eftrangere auec icelle, de peur qu’il
ne s’engendre vn monftre, & que le
falutaire poiffon ne fe change en ve-
nimeux poifon, & fi l’on a adioufté
quelque eau forte & corrofiue pour
diffoudre les matieres, que l’on l’o-
fte, & que l’on laue diligemment
toute force corrofiue, car nulle acrimonie & corrofion n’eft propre à

donner la fuitte aux maladies, pource qu'elle penetre, mais auec destruction & corruption du subiet, & engendre bien dauátage de maladies, & combien que l'on puisse pousser vne cheuille par vne cheuille, de mesme il nous faut chasser le poison par le poison, il faut neátmoins que nostre fontaine en soit totalement purgee, & du tout renduë exempte de corrosion.

L'on couppe tout arbre qui n'apporte pas de bon & odoriferát fruit & on ente sur le tronc vne meilleure greffe, cela faict, le tronc produit vn rameau, & de là se fait vn arbre fructifiát, selon le desir du iardinier.

Le Souuerain, voyage par six villes celestes, il faict sa residence en la septiesme, pource que son palais Royal y est orné & embelly d'or, & de bastiments dorez.

Si tu entends ce que ie viens de
dire, tu as ouuert la premiere porte
de la premiere Clef, & as paſſé la premiere barriere, mais ſi tu n'y voy encores goutte, & ne vois aucune clar
té, tu auras beau manier & regarder
le verre, cela ne te ſeruira de rien, &
ne t'aydera aucunemét la veuë corporelle, pour trouuer à la fin ce qui
te manque au commencement, car
ie ne parleray pas dauantage de cette Clef, comme m'a enſeigné Luce
Papirius.

LIVRE SECOND,
contenant la ſeconde Clef de
l'œuure des Philoſophes.

CHAPITRE SECOND.

L'On trouue dans les Cours des
Princes diuerſes ſortes de boi-

ftes & breuuages, & n'y en a pas vn
femblable à l'autre, en odeur, couleur & gouft, car ils font preparez de
diuerfes façons : & toutesfois à diuerfes fins, & eft neceffaire pour entretenir & bailler à diuerfes fortes de
gens.

Quand le Soleil darde & efpand
fes rayons par entre les nues, l'on dit
communémét, le Soleil attire à foy
l'eau, c'eft pourquoy nous aurons
de la pluye, & fi cela fe fait fouuent,
il s'enfuit prefque toufiours vne annee fertile.

Pour baftir vn fuperbe & magni-
fique logis l'on a befoing de beaucoup d'architectes, & neantmoins
deuant qu'il foit acheué & embelly
comme il faut, car le bois ne peut
pas fuppleer au deffaut de pierre.

Les pays contigus & proches voi-
fins de la Mer font enrichis par le

flus & reflus d'icelle, caufé par la fim-
pathie & influence des corps cele-
ftes, car à chaque reflus elle ne leur
ameine pas peu de biens, mais grande quantité de pretieufes richeffes.

L'on habille vne fille à marier de
beaux & riches veftemens, afin que
fon efpoux la trouue belle, & la
voyant ainfi paree, en deuienne a-
moureux, mais quand ils doiuent
coucher enfemble, l'on luy ofte toutes fes fortes d'habits, & ne en laiffe-
on pas vn que celuy qu'elle a appor-
té de fa naiffance, & du ventre de fa
mere.

Tout de mefme auffi quand on
doit marier noftre efpoux Apollon
à fa Diane, l'on leur doit faire diuerfes fortes de veftemens, leur lauer
diligemmét la tefte, & mefme tout
le corps, auec de l'eau qu'il faudra
preparer auec beaucoup de diftil-

lations, car il y a de plusieurs sortes
d'eauës, pource que les vnes sõt plus
excellentes, & les autres moins, & selon que le requiert leurs diuerses v-
sages presque tout de mesme, comme i'ay dit que l'on se sert de diuerses sortes de breuuages és Cours des
Princes & Seigneurs.

Et sçache que si quelques va-
peurs & nuages s'esleuent de la terre, & s'amassent en l'Air, qu'elles re-
tombent à cause de la pesanteur naturelle de l'eau, & que la terre reçoi-
ue derechef son humidité perduë,
de laquelle elle se delecte & nourrit, & par laquelle elle est renduë
plus propre à produire son fruict:
c'est pourquoy l'on doit reïterer ses
preparations d'eauës par beaucoup
de distillations, de façon que la terre soit souuent imbuë de son humeur, & telle humeur autant de fois

tiree, comme l'Euripe laiſſe ſouuent
la terre à ſec, & puis y retourne touſiours iuſques à ce qu'il aye acheué
ſon cours ordinaire.

Quand donc le palais Royal ſera
baſty auec bien de la peine, & paré
auec grand ſoing, & que la mer de
verre l'aura par ſon flux & reflux en-
richy de beaucoup de richeſſes, le
Roy y pourra ſeurement entrer &
loger.

Mais, mon amy, prends garde
que ne ſe face la conionction du
marié auec ſon eſpouſe, qu'apres
auoir oſté tous leurs habits & orne-
ments, tant du viſage que de tout le
reſte du corps, afin qu'ils entrét dans
le tombeau auſſi nuds côme quand
ils ſont venus au môde, de peur que
leur demeure ne ſe rende pire, & ne
ſe gaſte par le meſlange de quelque
choſe eſtrangere.

Ie te veux encore apprendre cecy, comme par deſſus ; que la precieuſe eau de laquelle il faur lauer le
Roy, ſe doit faire auec grand ſoing
& induſtrie, par la luitte & combat
de deux champions (i'entends de
deux diuerſes matieres) car l'vn
d'eux doit donner le deffy à l'autre,
pour ſe rendre plus prompts & en-
couragez à remporter la victoire,
car il ne faut pas que l'Aigle ſeul face ſon nid au ſommet des Alpes,
pource que ſes petits mourroient à
cauſe des Neiges qui couurent le
haut d'icelles : Mais ſi tu ioincts vn
horrible dragon qui a touſiours dás
les cauernes de la Terre, & a eſté ho-
ſte perpetuel des Montagnes froi-
des, & couuertes de neige, Pluton
ſoufflera de telle ſorte, qu'en fin il
chaſſera du froid dragon vn eſprit
volant & ignee, qui par la violence
de ſa

de sa chaleur bruſlera les aiſles de
l'Aigle, & iettera vne chaleur par
ſi long temps, que la neige qui eſt
au haut des montagnes ſoit fonduë
& reduicte en eau, afin de bien &
deuëment preparer vn bain mine-
ral propre & grandement ſain au
Roy.

TROISIESME CLEF DE
l'œuure des Philoſophes.

CHAP. III.

LE feu peut eſtre eſtouffé & e-
ſtainct par l'eau, & beaucoup
d'eau verſee ſur vn peu de feu ſe réd
maiſtreſſe d'iceluy, ainſi noſtre Soulfre ignee doibt eſtre faict, moderé,
vaincu & obtenu par l'eau deuëmét,
par apres ſa force ignee ſurmonter

& dominer les eauës se retirant: Mais
l'on ne sçauroit icy remporter la victoire, si le Roy n'a empreint sa vertu & sa force à son eau, & ne luy aye
baillé vne clef de sa liuree & couleur
Royalle, pour par elle estre dissoulte
& rédu inuisible, il doit neátmoins
derechef paroistre & venir à veuë: Et
bien que cela ne se puisse faire qu'a-
uec dómage & lezion de son corps,
cela se fera toutesfois auec augmen-
tation de sa nature & vertu.

Vn peintre peut mettre vne autre couleur sur vn blanc iaulnastre,
vn iaulne rougeastre & vn vray rouge, & bien que toutes ses autres couleurs demeurent ensemble, la derniere neátmoins est la plus en veuë,
& tient le premier rang par dessus
les autres: Il faut faire de mesme en
nostre magistere, quand tu l'auras
faict, sçaches qu'il s'est leué la lumie-

re de toute sageſſe , qui reſplendit
meſme dans les tenebres, & toutesfois ne bruſle pas &n'eſt pas bruſlee,
car noſtre ſoulfre ne bruſle pas &
n'eſt pas bruſlé, encores qu'il eſpan-
de & darde ſa lumiere bien au long,
& ne teint point s'il n'eſt auparauant
preparé,& teint de ſa propre teinture , pour par apres pouuoir teindre
les metaux malades & imparfaicts:
Et ce ſoulfre ne peut teindre ſi l'on
ne luy baille & empreint viuement
cette couleur, car jamais le plus foible ne remporte la victoire, pource
que le plus fort luy oſte , & le plus
foible eſt contrainct de la quitter au
plus fort.

Parquoy , tire de ce que ie t'ay
dict, cette conſequence, que le foible iamais ne peut rien forcer ny ayder le foible, & qu'vne matiere có-
buſtible ne peut preſeruer d'embra-

sement vne autre comme elle combustible: Si l'on a donc besoin de protecteur pour deffendre la matiere combustible, tel protecteur doit necessairement auoir plus de force & de vertu que sa partie qu'il a à deffendre, & estant hors de tout danger d'incombustion doit par sa vertu naturelle viuemēt resister au feu: Quiconque voudra preparer nostre soulfre incombustible qu'il le cherche dans vne matiere où il est incombustiblement incombustible: Ce qui ne se peut faire deuant que la mer salee aye englouty vn corps, & iceluy reietté, qui soit sublimé iusques à tel degré qu'il surmonte de beaucoup en splendeur les autres Astres, & son sang soit tellement augmēté & perfectionné, qu'il puisse, comme le Pelican bequetant sa poictrine, sans ſi

fanté, & fans aucune incommodi-
té des autres parties de son corps,
nourrir de son fang propre tous fes
petits: C'eſt cette Rofee dès Philoſophes, de couleur pourprine , & ce
fang rouge du dragon, duquel ont
parlé & eſcript tous les Philoſophes:
c'eſt cette eſcarlate de l'Empereur de
noſtre Art, de laquelle eſt couuerte
la Royne de falut, & ce pourpre duquel tous les metaux froids & imparfaicts font eſchauffez & rendus du
tout accomplis.

C'eſt ce ſuperbe manteau, auec le
fel des Aſtres, qui fuit ce ſoulfre celeſte, gardé foigneuſement de peur
qu'il ne ſe gaſte , & les faict voller
comme vn oiſeau, tant qu'il ſera befoin, & le Cocq mangera le Renard,
& ſe noyera & eſtouffera dans l'eau,
puis reprenant vie par le feu ſera

(afin de ioüer chacun leur tour) de-
uoré par le Renard.

QVATRIESME CLEF
de l'œuure des Philofophes.

CHAPITRE IIII.

TOute chair née de la terre fera
diffoulte, & retournera en terre, afin que ce fel terreftre aydé par
l'influence des Cieux, face leuer vn
nouueau germe, car s'il ne fe faict
aucune terre, il ne fe pourra auffi
faire aucune refurrection en noftre
œuure, pource que le baulme de nature eft caché en la terre, comme
auffi le Sel de ceux qui y ont cherché la cognoiffance de toutes chofes.

Au iour du iugement le monde
fera iugé par le feu, & ce qui a efté

faict de rien, sera par le feu reduict
en cendre, de cette cendre renaiſtra
vn Phœnix, car en icelle eſt caché lé
vray tartre, duquel eſtant diſſoult
l'on peut ouurir les plus fortes ſerru-
res du palais Royal.

A pres l'embraſement general,
il ſe fera vne nouuelle terre , &
de nouueaux Cieux , & vn homme nouueau , bien plus ſplendide
& glorieux qu'il n'eſtoit lors qu'il
viuoit au premier monde , pource
qu'il ſera clarifié.

De cendres & de ſable decuit au
feu, ſe fait par vn verrier, du verre à
l'eſpreuue du feu, & de couleur ſemblable à de claires pierreries, & l'on
ne l'eſtime plus pour cendres, l'ignorant attribuë cela à grãde perfectió,
mais non-pas l'homme docte, d'autant que cela luy eſt par la longue
experience & cognoiſſance qu'il en

à rendu trop familier & couſtumier.

L'on change les pierres en chaulx
propre à beaucoup de choſes, & deuant que la chaux ſoit faite par le
moyen du feu, ce n'eſt autre choſe
que pierre, de laquelle on ne ſe peut
ſeruir au lieu de chaulx, mais elle ſe
cuit par le feu, & receuant de luy vn
haut degré de chaleur, acquiert vne
telle vertu propre que l'eſprit ignee
de la chaux eſt venu à ſa perfection,
qu'il n'y a rien qui luy puiſſe eſtre
acccomparé.

Toute choſe reduicte en cendres
monſtre & met en veuë ſon Sel : Si
tu ſçais en ſa diſſolution garder ſepa-
rément ſon Soulfre & ſon Mercure,
& d'iceux redonner auec induſtrie
ce qu'il faut donner au Sel, il ſe pourra faire le meſme corps que deuant
ſa diſſolution: Ce que les ſages de ce
monde appellent folie, & reputent

à menſonge, & crient qu'il eſt impoſſible à l'homme pecheur de faire
vne nouuelle creature, ne prenant
pas garde que ç'a eſté auparauât vne
creature, & que l'artiſte faiſant de-
monſtration de ſa ſcience, a ſeulement multiplié la ſemence de la
nature.

Celuy qui n'a point de cendres
ne peut faire de Sel propre à noſtre
œuure, car elle ne ſçauroit ſe faire
ſans Sel, pource qu'il n'y a rien que
luy qui baille de la force à toutes
choſes.

Tout ainſi que le Sel conſerue
toutes choſes, & les contregarde de
pourriture, de meſme le Sel des Philoſophes deffend & preſerue tous les
metaux qu'ils ne puiſſent eſtre du
tout deſtruicts ou reduicts tellemét
à neant, qu'ils ne ſe puiſſent derechef faire quelque choſe, ſans que ſe

meure aussi le baulme & l'esprit du
Sel qu'ils ont, car en ce cas il demeu-
reroit seulement vn corps mort qui
ne pourroit plus seruir à rien, pource que les esprits metaliques le quit-
teroient, lesquels estans ostez & per-
dus par la mort naturelle, lairroient
leur domicile vuide & mort, & auquel l'on ne pourroit plus remettre
de vie.

Mais, mon amy, sçaches que le Sel
prouenant de cendres a pour le plus
souuent vne vertu occulte, il ne peut
neantmoins seruir de rien si son dedans n'est tourné au dehors, car il n'y
a que l'esprit qui donne la vie & la
force; Le corps ne peut rien seul : Si
tu peux trouuer cest esprit , tu auras
le Sel des Philosophes , & l'huille vrayement incombustible tant
renommée dans les liures des anciens sages.

Si deuisans à moy le nombre tu dou-
blois,
Si qu'auec eux m'éporter tu voulusse:
Peu toutesfois de Sages trouuerois
Qui ma vertu & ma force cogneusse.

CINQVIESME CLEF DE
l'œuure des Philosophes.

CHAPITRE V.

LA vie qui est cachee dans la terre produict choses qui prennét
naissance d'icelle, quiconque donc
dict que la terre n'est point animée,
est menteur, car ce qui est mort ne
peut rien dóner à vn viuant, & n'est
susceptible d'aucune chose, pource
que l'esprit de vie s'en est enuollé &
dissipé: C'est pourquoy l'esprit est
la vie & l'ame de la terre, où il de-

meure & acquiert ſes vertus em-
praintes à la nature terreſtre par l'e-
ſtre celeſte & proprietez des Aſtres:
Car toutes les herbes, arbres, raci-
nes, metaux & mineraux reçoiuent
leur force & nourriture de l'eſprit
de la terre, pource que c'eſt la vie
que cet eſprit qui eſt nourry des
Aſtres, & ſubſtáte toutes choſes qui
croiſſent ſur la terre : Et comme la
mere nourrit elle meſme l'enfant
qu'elle porte dans ſon ventre, de
meſme la terre produict & nourrit
de l'eſprit diſſolu du Ciel les miné-
raux qu'elle porte dans ſes entrailles.

Ce n'eſt donc pas la terre qui baille les formes à chaque nature, mais
l'eſprit de vie qu'elle contient : Et ſi
elle eſtoit vne fois deſtituee de ſon
eſprit, elle ſeroit morte, & ne pourroit donner aucun aliment, pource

qu'elle manqueroit de l'efprit de fon
Soulfre qui conferue la vertu vitale;
& qui de fa vertu faict germer toutes chofes.

Deux chofes contraires demeurent bien enfemble, ils ne fe peuuét
neátmoins bien accorder, car vous
voyez que mettant le feu dans la
poudre à canon, ces deux efprits def-
quels elle eft compofee fe feparent
l'vn de l'autre auec vn grand bruict
& violence, & s'enuolant en l'air ne
peuuét plus eftre veus de perfonne,
& ne çait-on où ils font allez, & ce
qu'ils font deuenus, fi l'on n'a appris
quels ils font , & en quelle matiere ils eftoient cachez.

Par là tu cognoiftras que la vie
n'eft qu'vn pur efprit , c'eft pourquoy tout ce que l'ignorant eftime
eftre mort, doit viure d'vne vie in-
comprehéfible, vifible neantmo-

& ſpirituelle, & eſtre en icelle con-
ſerué: Si tu veux que là vie coopere
auec la vie, ces eſprits ſont alimen-
tez & nourriz de roſee du Ciel, &
prennent leur extraction d'vn eſtre
celeſte elementaire & terreſtre, que
l'on nomme matiere ſans forme.

Et tout ainſi comme le fer attire à
ſoy l'aymāt par la ſympathie & qualité occulte qui eſt entre eux deux,
de meſme il y a dans noſtre or de
l'aymant qui eſt la premiere matiere de noſtre pierre precieuſe : Si tu
entends cecy , te voyla aſſez riche,
& heureux pout toute ta vie.

Ie te veux apporter encores vne
exemple dans ce chapitre, regardans
dans vn miroir l'on voit la reflection
des eſpeces, la meſme reſſemblance
de celuy qui regarde , & ſi celuy là
veut toucher de la main ſon image,
ilne touche que le miroir qu'il are-

gardé, tout de mesme aussi l'on doit
tirer de ceste matiere vn esprit visible qui soit neantmoins incompre-
hensible: Cest esprit est la racine de
vie de nos corps, & le Mercure des
Philosophes, duquel l'on prepare
industrieusement la liqueur de nostre art, que tu rendras derechef materielle, & feras paruenir par certains moyens d'vn degré tres-bas, à
vne souueraine perfection d'vne
plus parfaicte medecine : Car nostre commencement est vn corps
bien lié & solide, le milieu est vn
fuyant esprit & vne eau d'or sans aucune corrosion, par le moyen de laquelle les sages iouissent de leurs dé-
sirs en cette vie ; Et la fin est vne
medecine bien fixe, tant pour le
corps humain que pour les corps
metaliques, la cognoissance de laquelle a esté plustost donnée aux

Anges qu'aux hommes , bien que quelques vns l'ayent euë , qui l'ont demandée inſtamment & auec prieres continuelles à Dieu, & n'vſent enuers luy & les pauures d'ingratitude.

Et de ſurcroiſt ie te dits cecy auec verité, qu'vn trauail doibt ſucceder à vn trauail, & vne operation ſuiure l'autre, car au commencement l'on doit bien purger & nettoyer noſtre matiere, puis la diſſoudre , mettre en pieces, & reduire en pouldre , & en cendres, par apres s'en doit faire vn eſprit volatil auſſi blanc que neige , & vn autre auſſi volatil & auſſi rouge que ſang, ces deux là en cótiennent vn tiers ; & ce n'eſt toutesfois qu'vn ſeul eſprit , & ce ſont eux trois qui conſeruent & prolongent la vie: Conjoincts les enſemble, & leur baille vn boire & man-

ger

ger propre à leur nature, & les tiens
en vn lit de rosee, & qu'il soit chaud
iusques au terme de la generation:
Et tu verras quelle science t'a donné Dieu & la nature: Et sçaches que
iamais ie ne me suis tant ouuert &
allé si loing, que de descouurir tels
secrets, & Dieu a plus donné de force & de miracles à la nature que pas
vn des hommes à peine puisse croire: Mais il m'a esté donné certaines
bornes & limites pour escrire, afin
que ceux qui viendroient apres moy
peussent publier les effects admira-
bles de la nature, lesquels bien que
Dieu permette d'en traicter, sont
neantmoins, par les ignorans & in-
sensez, estimez illicites & superna-
turels: Mais le naturel prend son origine du supernaturel, & toutesfois
si tu conioincts toutes ces choses tu

E

ne trouueras rien que purement naturel.

SIXIESME CLEF DE
l'œuure des Philosophes.

CHAP. VI.

LE masle sans femelle n'est qu'vn
demy corps, comme aussi la
femelle sans masle, car estant l'vn
sans l'autre, ils ne peuuent pas engendrer & multiplier leurs especes,
mais quand ils sont mariez & mis
ensemble, ils font vn corps parfaict
& accomply, & propre à la generation.

Vn champ par trop ensemensé est
rédu surchargé & infructueux, & ses
fruicts ne peuuét paruenir à maturité, ne l'estát pas aussi assez, il ne vient

que bié peu de grain, & encores mes-
lé auec beaucoup d'yuraye inutile.

Le marchand qui veut achepter
& debiter ſa marchandiſe auec conſcience, la baille à ſon prochain ſelon le taux de iuſtice, de peur d'en-
courir la malediction, mais pour
ſembler faire plaiſir aux pauures.

Beaucoup de monde ſe noye dans
les grandes & profondes riuieres,
mais auſſi les ruiſſeaux ſont aiſémét
taris & deſſeichez par la chaleur du
Soleil & nous en ſommes aiſément
priuez.

Voyla pourquoy afin d'auoir
bonne iſſuë de ton entrepriſe, tu
prendras garde diligemment a choi-
ſir auec prudence, vn certain poids
& meſure en la conionction des li-
queurs Phiſiques, afin que le plus
grand ne poiſe pas plus que le moindre, & qu'eſtant l'action du moin-

dre debilitee ou empefchée, la generation ne foit aufli retardée, car
les trop grandes pluyes ne font
pas bonnes aux fruicts de la terre, &
la trop grande fechereffe les aduan-
ce par trop toft, & les faict mourir
deuant le temps : Puis le bain eftant
entierement preparé par Neptune,
mefure auec grande induftrie & di-
ligence ton eau permanente, &
prends bien garde à ne faillir, en
donnant ou trop ou trop peu.

L'on doit bailler à manger vn
Cigne blanc à l'homme double
ignee, afin qu'ils fe tuent l'vn l'autre,
& refufcitét l'vn quant & l'autre, que
l'air qui vient des quatre parties du
monde occupe les trois parts du logis fermé de cet homme igné, afin
que l'on puiffe entendre la chair du
Cigne, difant fon dernier adieu, & le
Cigne rofty fera pour la table du

Roy : Et la voix melodieuſe de la
Royne plaira gran'demét aux oreilles du Roy igné , il l'embraſſera
amiablement pour la grande affection qu'il luy porte , & ſera repeu
d'icelle iuſques à ce qu'ils diſparoiſ-
ſent tous deux, & d'eux deux ne ſoit
faict qu'vn corps.

Vn Sel eſt aiſément vaincu & ſurmonté par deux autres, notamment
s'ils peuuent exercer leur malice;
propoſe toy donc cela comme vne
choſe du tout arreſtee , qu'il eſt beſoin du ſouffle d'vn double vent
que l'on apppelle *Vulturne ou Sud
ſudeſt* , puis d'vn vent ſimple qui ſe
nomme *Eurus ou vent de Leuant &
du Midy,* apres qu'ils ſe ſeront rapai-
ſez, & l'air conuerty en eau tu croi-
ras à bon droict qu'il ſe fera vne choſe corporelle d'vne incorporelle , &
que le nombre prendra la domina-

tion sur les quatre saisons de l'année
au quatriesme Ciel ; apres que les
sept Planettes auront l'vne apres
l'autre faict le temps de leur domination qu'il acheuera son cours dans
le bas du Palais, & sera rigoureuse-
ment examiné , & ainsi les deux
auront surmonté & mis à mort le
seul.

Il est icy requis vne grande prudence & doctrine, si tu desire acque-
rir par ton art de grandes richesses,
afin que se face deuëment la diui-
sion & conionction : Ne mets pas
vn poids faux, & le premier qui se
rencontreroit par hazard deuant
toy : Mais c'est icy le vray pilier &
fondement de tout le magistere,
que tu mettes à fin & perfection ce
chapitre, par le Ciel de l'art, par l'air,
& la terre, vraye eau & feu semblable,
& par conionction & admission de

poids, mife comme ie t'ay auec toute verité enfeigné.

SEPTIESME CLEF DE
l'œuure des Philofophes.

CHAP. VII.

L A chaleur naturelle conferue la
vie de l'homme, eftant icelle
diffipee & perduë, il eft de neceffité
qu'il meure.

L'vfage moderé du feu nous deffend des iniures du froid, mais fi tu
en veux vfer outre raifon & plus
qu'il ne faut, il nuit & apporte de la
corruption.

Il n'eft pas befoin que le Soleil
touche la terre de pres de fon corps
& fubftance, mais il fuffit qui luy
communique fa vertu & luy don-

ne des forces, par le moyen de ſes
rayons dardez en terre , car par leur
reflection , il a aſſez de force pour
l'acquitter de ſa charge ,& par la continuelle concoction fait meurir toutes choſes, pource que ſes rayons iet-
tent flammes, ſe diſperſant par l'air
ſont par iceluy temperez , de ſorte
quele feu, moyennant l'air , & l'air
moyennant le feu , s'entr'ayment
l'vn l'autre produiſant leurs effects.

La terre ne peut rien produire
ſans l'eau , ny l'eau ſans la terre ne
peut rien faire germer : Or tout ainſi que l'eau & la terre ne s'entr'aydát
point ne peuuent rien engendrer ſe-
parément , de meſme le feu ne ſe
peut paſſer de l'air , ny l'air du feu,
car oſtant l'air au feu, vous luy oſtez
ſa vie, le feu auſſi eſtant eſteint , l'air
ne peut faire aucune de ſes functiõs,
ny par ſa chaleur viuifier ny conſu-

mer la superflue humidité de l'eau.

Les vignes ont besoin d'vne plus grande chaleur en Automne, pour aduancer & faire parfaictement meurir les raisins ja presque meurs, qu'au commencement du Printemps, & tant plus qu'il a fait chaud en Automne, elles rendent par ce moyen de meilleur vin, & plus delicat, & tant moins il y a eu de chaleur aussi rapportent elles vn vin qui a moins de force, & qui sent plus l'eau.

En Hyuer le commun peuple voyant la terre toute gelee & ne pouuant rien produire de verd, estime que tout est mort, mais venant la primeraine & le froid se retirant, vaincu par la chaleur du Soleil qui monte sur nostre horison, toutes choses semblét reuiure, les arbres & herbes commencent à pous-

ser , les animaux qui fuyans la dure
rigueur de l'Hyuer, s'estans cachez
dans les cauernes de la terre sortent
de leurs grottes, tout sent bon , &
l'agreable & belle diuersité de couleurs & de fleurs faict preuue des
vertus & forces de tout ce qui com-
mence à reuerdir, venant par apres
l'Esté, de cette varité de fleurs naif-
sent toutes sortes de fruicts, puis suit
l'Automne abondant, qui le perfe-
ctionne & meurit : C'est pourquoy
nous remercions eternellement
Dieu, qui a constitué vn si bel ordre, & vne telle suitte és choses naturelles.

Ainsi se suiuent & coulent toutes
les saisons , apres vne annee vient
l'autre, & cela se continuera iusques
à ce que Dieu face perir le monde,
& que ceux qui possedent la terre
soient glorieusement esleuez par le

Dieu de gloire, & mis en honneur;
De là cessera toute action de creature terrestre & sublunaire, & au lieu
d'icelle viendra vne creature celeste
& infinie.

En Hyuer le Soleil faisant sa cour-
se bien loing de nous, ne peut pas
trauerser ny fondre les grandes neiges, mais s'estant au Printemps ap-
proché il eschauffe l'air, & sa force
estant augmentee fond la neige, &
la resoult en eau, car le plus foible
est contrainct de quitter au plus
fort.

Il faut aussi aduiser & prudem-
ment gouuerner le feu, de peur que
l'humeur de Rosee ne soit desseichee plustost qu'il ne faut, & ne se
face vne trop hastiue liquefaction,
& dissolution de la terre des Sages:
Si tu faicts autrement tu ne peuple-
ras ton viuier que de scorpions au

lieu de bon poisson: Si donc tu veux
bien mener toutes tes operations,
prens l'eau celeste sur laquelle estoit
porté & se mouuoit au commencemét l'esprit de Dieu, & ferme la porte du Palais royal, car par apres tu ver
ras le siege mis deuant la ville celeste
par les ennemis mondains. C'est
pourquoy il faut fortifier & entou-
rer ton ciel de triple muraille, rem-
part & fossé, & ne laisse qu'vne seule aduenüe ouuerte & libre, bien
munie de fortes garnisons: Ayans
mis ordre à cela, allume la lumiere
de sagesse, & cherche la dragme
perduë, & esclaire tant qu'il sera de
besoin: Sçaches que les animaux
rampans & autres imparfaicts habi-
tent la terre à cause de la froidureuse
disposition de leur nature: Mais à
l'homme est assigné vn domicile au
dessus, à cause de l'excellent tempe-

ramènt de sa nature:Et les esprits celestes n'estans composez d'vn corps
terrestre , & subjects à pechez &
corruption, côme celuy de l'homme, mais d'vn celeste & incorruptible, ont vn tel degré de perfection,
qu'ils peuuent sans estre aucunemét
offencez, supporter le chaud & le
froid, tant au haut qu'au bas : Mais
l'homme clarifié ne sera pas moindre que les esprits celestes, ains à eux
du tout semblable: Dieu gouuerne
le Ciel & la Terre, & faict tout dans
toutes choses.

Si nous gouuernons bien nos amis,
en fin nous serons enfans & heritiers
de Dieu, afin de mettre en executió
ce qui nous semble maintenant im-
possible, mais cela ne se peut faire
deuant que toute l'eau soit tarie &
desseichee, & que le Ciel & la Terre,

ensemble le genre humain soient iu-
gez & confumez par le feu.

HVICTIESME CLEF DE
l'œuure des Philofophes.

CHAPITRE VIII.

IL ne fe peut faire aucune generation ny d'homme, ny d'aucun autre animal fans la putrefaction: & ne
peut germer aucune femence iettee
en terre, ou quelque chofe que ce
foit de vegetable, fans que premierement elle fe pourriffe: & mefme
que beaucoup d'animaux imparfaicts prennent leur vie & origine
de la feule pourriture, ce qu'a bon
droict l'on doit mettre entre les
merueilles de Nature, qui faict cecy, pource qu'elle a caché en terre

vne grande vertu produæiue qui
fe leue excitee par les autres elemés,
& par l'influence de la femence celefte.

Les bonnes femmes des champs
en fçauent bien dóner vn exemple,
car elles ne peuuent efleuer vne
poulle pour leur petit meflange,
fans putrefaction de l'œuf duquel
eft efclos le petit poulet.

Du pain mis dans du miel naiffent
des fourmis par la pourriture qu'ac-
cueille le miel, ce qui n'eft pas auffi
petite merueille de nature.

Tout le monde voit tous les iours
qu'ils'engendre des vers de chair ga-
ftee & pourrie dans le corps des
hommes, des cheuaux, & d'autres
beftes : Comme auffi les arraignes,
des vers & autres vermines, dans les
noix pourries, poires & autres fruits
femblables: Bref qui eft ce qui peut

les mouches a miel des boeufs

nombrer les especes infinies des animaux insectes & imparfaicts , qui
naissent de pourriture & corruption.

Cela se monstre aussi manifeste-
ment és plantes , où l'on voit qu'il
croist beaucoup de sortes d'herbes,
comme orties & autres de la seule
pourriture, és lieux mesmes où telles herbes n'ont iamais esté ny se-
mees, ny plantees ; La raison en est
telle, pource que la terre de tels lieux
a vne certaine disposition à produire ces meschantes herbes, & est grof-
se de leurs seméces infuses des corps
celestes dans ses entrailles , & excitee par leur propre pourriture à germer & reuerdir, lesquelles semences
venant à ayder le concours des autres elemens, produisent vne substá-
ce corporelle conuenáte en leur nature. Ainsi peuuent les Astres faire
leuer

ſeuer, par le moyen des Elemens,
vne nouuelle ſemece que l'on n'aye
point encores veüe, laquelle eſtant
plantee dans terre & pourrie, peut
croiſtre & multiplier , mais l'home
n'a pas la puiſſance & vertu d'en produire vne nouuelle, car l'on ne luy a
pas cõmis le gouuernemẽt des operations elementaires & celeſtes , &
s'engendre diuerſes ſortes d'herbes
de la ſeule pourriture. Mais d'autant
que cela eſt rendu trop familier au
peuple par la frequente experience,
qu'il en a, il ne les conſidere pas plus
exactement, & ne ſe pouuant ima-
giner aucunes cauſes de telles choſes , il penſe que cela ſe fait par accouſtumance , mais toy qui doibs
ſçauoir vne ſcience plus releuee, penetre plus auant que le vulgaire, &
cherche par raiſons les principes &
les cauſes d'où (moy enſuant la putre-

faction) se fait telle vertu vitale, non
pas cöme la cognoist le simple peuple par l'accouſtumance, mais comme le doit ſçauoir le ſage & diligent
inquiſiteur des effects de la nature,
veu que toute vie prouient de pourriture.

Chaſque element eſt ſubjet à generation & corruption, c'eſt pourquoy tout amateur de ſageſſe doit
ſçauoir qu'en chacun d'iceux les
trois autres ſont occultement contenus, car l'air contient en ſoy le feu,
l'eau & la terre, ce qui (quoy qu'il
ſemble incroyable) eſt neantmoins
tres-vray : Ainſi le feu comprend
l'Air, l'eau & la terre: La terre, l'eau,
l'air & le feu; Autrement ne ſe pourroit faire aucune generation : Bref
l'eau encloſt en ſoy la terre, l'air &
le feu, autrement elle ne ſeroit pas
propre à produire choſe aucune, &

bien que chaque Element foit di-
ftingué formellemét de chacun des
autres ; ce n'eft pas à dire que pour
cela ils foient feparez d'enfemble,
comme il fe voit clairement en la
feparation des Elemens par diftilla-
tion.

Or afin que l'ignorãt n'eftime mon
difcours friuol & ne feruant à rien, ie
te le veux demonftrer par preuues
fuffifantes : Apprens donc, toy qui
és curieux de fçauoir la diffection
& anatomie de la nature, & la feparation des elemés, qu'en la diftillatió
de la terre, l'air comme eftant plus
leger que les deux autres, fe diftille
le premier, puis apres l'eau ; le feu à
caufe de fa nature fpirituelle com-
mune à l'vn & à l'autre, & naturelle
fympathie, eft conjoinct auec l'air,
la terre demeure au fonds & contient le Sel de gloire : En la diftilla-

tion de l'eau, le feu & l'air sortent les premiers, puis l'eau, la partie terrestre demeure touskours au fonds: De mesme du feu reduict en subslãce visible & plus materielle que de coustume, l'on en peut tirer le feu, l'air, l'eau & la terre, & les conseruer à part. Semblablement l'air est és trois autres, pas vn d'iceux ne se pouuant passer de luy, la terre n'est rien, & ne peut rien produire sans l'air; Le feu ne peut brusler & n'y viure sans luy: L'eau manquant de l'air ne cause aucune generation : Outre plus l'air ne consume rien & ne desseiche aucune humidité sans chaleur naturelle: Se trouuát donc vne chaleur dans l'air, par consequent il y doit auoir du feu, car tout ce qui est de nature chaude & seiche, doit aussi participer de la nature du feu; C'est pourquoy tous les quatre ele-

ments doiuent eftre conjoincts enfemble, & ont toufiours le foin l'vn
de l'autre : Auffi voit-on qu'ils font
meffez enfemble en la production
de toutes chofes: Celuy qui contre-
dict à telle doctrine, n'a iamais en-
tré dans le cabinet de la Nature, &
n'y vifite fes plus cachez fecrets.

Sçaches que ce qui naift par putrefaction eft ainfi engendré: La terre fe corrompt aucunement à caufe
de l'humeur qu'elle a, qui eft principe de putrefaction, car rien ne peut
pourrir fans humeur : Affauoir fans
l'element humide de l'eau : Or fi la
generation doit prouenir de pourriture , elle doit eftre excitee par la
chaleur qui fe rapporte à l'element
du feu , car rien ne peut venir au
monde fans chaleur naturelle: pour
conclufion fi la chofe qui doit eftre
produicte a befoin d'efprit vital &

de mouuement, il luy faut aussi de
l'air, car s'il ne cooperoit point auec
les autres, & ne faisoit sa function,
la generation ou plustost la matiere
de la chose qui doit estre produite
s'estoufferoit elle mesme par faute
d'air, & la generation se feroit de rechef corruption, en suitte dequoy
cela est plus clair que le iour, que les
quatre elemens sont grandement
necessaires en toute generation : &
dauantage qu'vn chacun d'eux faict
voir clairement ses forces & operations en chacun des autres, mais
principalement en la corruption,
car sans elle rien ne peut & ne pourra iamais venir au monde : & tiens
cela pour arresté que les quatre elemés sont requis à toute production
de quelque chose que ce soit.

L'on doit cognoistre par là qu'A-
dam que Dieu crea du limon de la

terre, n'exerça aucune action vitale,
& ne vefcut point iufques à ce que
Dieu luy euft foufflé le fouffle & efprit de vie, & qu'iceluy infus il commença tout auffi toft à viure; Le Sel,
c'eft à dire, fon corps fe rapportoit à
la terre, l'air infpiré eftoit le Mercure, c'eft à dire l'efprit, & le fouffle de
l'infpiration luy donnoit tout auffi
toft vne chaleur vitale , & s'eftoit le
foulfre, c'eft à dire le feu , auffi toft
Adam commença à fe mouuoir, &
donna par ce moûuement vn affez
fuffifante preuue d'vne ame viuan-
te , car le feu ne peut pas eftre fans
l'air, ny au contraire l'air fans le feu,
l'eau eftoit meflee à tous deux efgal-
lement & proportionnémét enfemble.

Adam fut donc premierement
compofé de terre, d'eau , d'air & de
feu, aprés d'ame, d'efprit & de corps,

puis de Mercure, de Soulfre & de
Sel.

Eue semblablement la premiere
femme, & nostre premiere mere
participa de toutes ces choses, car elle fut tiree & produicte d'Adam
qui en estoit composé ; Remarque
cela que ie viens de dire. Or afin de
retourner à mon propos de la putrefaction, il faut que tout amateur &
inquisiteur de sagesse tienne cela
pour certain, que semblablement
aucune semence metalique ne peut
operer, & ne peut estre aucunemét
multipliée, si elle n'a esté entierement pourrie de soy-mesme, & sans
meslange d'aucune chose estrange-
re; & comme nulle semence vegetable ou animale ne peut (comme il a
esté dict cy dessus) estédre & multiplier son espece sans putrefactió, de
mesme en faut il iuger des metaux;

Et cette putrefaction se doibt faire par les operations des elemens, non pas qu'ils soient (comme j'ay des-ja enseigné) leur semence, mais pource que la seméce metalique prenant sa naissance d'vn estre celeste, astral & elemétaire, & estant reduict en vn corps sensible, doit estre putrifié par le moyen des elemens.

Dauantage, remarque que le vin a vn esprit volatil, car en le distillant l'esprit sort le premier, le phlegme le dernier, mais estant par chaleur continuë tourné en vinaigre, son esprit n'est plus si volatil, car en la distillation du vinaigre, le phlegme aqueux monte le premier au haut de l'alembic, & l'esprit le dernier, & bien que ce soit vne mesme matiere en l'vn & en l'autre : il y a bien neantmoins d'autres qualitez au vinaigre qu'au vin, pource que le vinaigre n'est plus

vin, mais vne pourriture du vin, qui
par la continuelle chaleur s'est changé en vinaigre, & tout ce qui est tiré
par le vin ou par son esprit, & rectifié
dans vn vaisseau circulatoire à bien
d'autres forces & operations que ce
qui est tiré par le vinaigre : Car si on
tire le verre de l'Antimoine, par le
vin ou par son esprit, il est trop laxatif
& purge auec trop de vehemèce par
en haut, d'autant que sa vertu vene-
neuse n'estant pas surmontee & e-
stainte, il est encores entre les bornes du poison ; mais si on le tire par
vinaigre distillé, ce qui en viendra
sera de belle couleur, puis si tirant le
vinaigre par le Bain-marie l'ó laue la
pouldre iaune qui demeure au fonds,
versant beaucoup de fois de l'eau có-
mune dessus, & autāt de fois la retirāt
& que l'on oste toute la force du vinaigre, il se faict vne poudre douce

qui ne lafche pas le ventre côme deuant : Mais qui eft vn excellent remede qui guariffant beaucoup de
maladies , eft à bon droict reputé
entre les merueilles de la Medecine.

Cette poudre mife en lieu humide fe refoult en liqueur, qui fans faire douleur aucune côfere grademét
aux maladies externes: cela fuffize.

Bref en cecy confifte tout le prin-
cipal de ce chapitre, fçauoir eft que
vne creature celefte, la vie de laquelle eft nourrie des Aftres, & alimen-
tee des quatre elemens meure : puis
fe putrifie , apres cela , les Aftres,
moyennant les Elemens qui ont cette charge, redonneront de-rechef la
vie à ce corps pourry, afin qu'il s'en
face vn celefte qui prendra fa plume
en la plus haute ville du firmament:
Ayant faict cela tu verras le terreftre
du tout confumé par le celefte, & le
corps terreftre ɔufiours en cele-

fte Couronne d'honneur & de gloire.

NEVFIESME CLEF
de l'œuure des Philosophes.

CHAPITRE IX.

SATVRNE le plus haut des Planettes, est le plus bas & abiect en
nostre magistere, il tient neantmoins
la principale Clef, & estant le vil, &
n'ayant presque point d'authorité, il
tient le plus beau lieu ; & bien que
par sa volonté il se soit acquis le plus
haut par dessus les plus hautes Planettes, il doit toutesfois cheoir au
plus bas, en luy couppant les æsles,
& estre sa lumiere obscure, grandement diminuée, & par sa mort venir toute la perfection de l'œuure,

afin que le noir soit chãgé en blanc,
& le blanc prenne la couleur rouge:
& doit surmonter toutes les autres
planettes par l'aduenement de toutes les couleurs qui sont au monde,
que l'on verra iusques à ce que vien-
ne la couleur surabondante du Roy
triomphant & comblé d'honneur,
marque tres-certaine de la victoire:
& encores que Saturne semble plus
vil & moindre de toutes, il ne laisse
pas d'auoir vne si grande vertu &
efficace, qu'estant sa noble essence
(qui n'est autre chose qu'vn froid
par trop excedant) conioincte auec
vn corps metaliq volatil & ignée, il
le rend fixe, & aussi solide, voire
mesme meilleur & plus ferme &
permanent que luy mesme n'est.
Cette transmutation prend son origine du Mercure, du Soulfre & du
Sel, & se faisant par eux, on prend

auſſi ſa fin & dernier periode : Cela
paſſera la portee de beaucoup; comme auſſi à la verité ce myſtere eſt ſi
haut que difficilement le peut-on
comprendre: Mais d'autât plus que
la matiere eſt vile & abiecte, d'autât
plus doibt eſtre l'eſprit releué & ſubtil, afin d'entretenir l'inegalité du
monde, & que les maiſtres puiſſent
eſtre diſtinguez des ſeruiteurs, & les
ſeruiteurs recognus à leur miniſtere
d'auec les maiſtres·

De Saturne preparé auec induſtrie, ſortent beaucoup de couleurs,
comme la noire, la griſe, la iaulne
& la rouge, & d'autres moyennes
entre celles cy; de meſme la matiere
des Philoſophes doit prendre & laiſſer beaucoup de couleurs, deuant
qu'elle paruienne à la fin & perfection deſiree, car autant de fois que
l'on ouure vne nouuelle porte au

feu, autant de fois le Roy emprunte
de ſes creanciers de noũueaux habits, iuſques à ce que ſe remettãt en
credit, il deuienne riche , & n'aye
plus affaire d aucun creancier:

Venus tenant en main le gouuer-
nement du Royaume, & diſtribuãt
ſelon la couſtume les offices à chacun, apparoiſt la premiere, brillante
& eſclatante d'vne matiere Royalle: La Muſique porte deuant elle vn
eſtandart rouge , au milieu duquel
eſt artiſtement depeinte la Charité
veſtuë d'vn habit vert: Saturne eſt ſõ
Preuoſt de l'hoſtel & Intendant de
ſa maiſon, & lors qu'il eſt en quar-
tier, l'Aſtronomie marche deuant
luy, portant vne enſeigne qui à la verité eſt noire, mais neantmoins eſt le
pourtraiçt de la foy habillée de iaulne & de rouge.

Iupiter auec ſon ſceptre eſt en qua-

lité de Viceroy, La retorique luy va
portant la science de couleur blan-
cheaftre & grife, où eft reprefentée
l'Efperance auec de fort aggreables
couleurs.

Mars Capitaine experimenté au
faict de la guerre, regne auffi tout
efchauffé & par la chaleur, La Geo-
mettrie le deuance, luy portant fon
guidon enfanglaté, & teint de fang,
au milieu duquel eft empreint l'effi-
gie de la Force veftuë d'vn habit
rouge, Mercure eft le Chancelier de
tout, l'Arithmetique porte fon en-
feigne diuerfifiée de toutes les couleurs du monde, (car il y en a vne varieté indicible) au milieu eft la tem-
perance depeinte d'vne admirable
diuerfité.

Le Soleil eft gouuerneur du Royaume, la Grammaire tient fa ban-
niere iaulne, en laquelle on voit la
Iuftice

Iuſtice peinte en or, & bien qu'vn
tel gouuerneur deuſt auoir plus de
puiſſance & authorité en ſon Royaume, Venus neantmoins l'a par ſa
grande ſplendeur ſurmonté, & luy
a fait perdre la veuë.

La Lune auſſi en fin apparoiſt, la
Dialectique luy porte la ſienne de
couleur tres-blanche & reluiſante,
en laquelle ſe voit la Prudence peinte de bleu : & pource que le mary de la Lune eſt mort, elle doibt
luy ſucceder au Royaume : C'eſt
pourquoy ayant fait rendre le compte a Venus, elle luy recommande-
ra l'adminiſtration & ſuperabondã-
ce du Royaume, & par l'ayde du
Chancelier reformera l'eſtat, & y
mettra vne nouuelle police, & pré-
dront tous deux domination ſur la
noble Royne Venus : Remarque
donc, qu'vne Planette doibt faire

perdre à l'autre, office, domination
& Royaume, & luy oſter toute puiſſance & majeſté Royale , iuſques à
ce que les principalles d'elles tien-
nent le Royaume en main, le conſer-
uant, & par leur conſtante & permanente couleur, remportans la victoire auec leur mere , & elle dés le
commencement conioincte , en
iouiſſent d'vne perpetuelle & naturelle aſſociation & amour : Alors
l'ancien monde ne ſera plus monde,
Et en ſera fait vn autre nouueau en
ſa place, & vne Planette aura tellement conſommé ſpirituellement
l'autre, que les plus fortes s'eſtans
nourries des autres, ſerôt ſeules de-
meurées de reſte, & deux & trois auront eſté vaincus par vn ſeul.

Remarque en fin qu'il te faut ſouſ-
leuer la balance celeſte , & mettre
dans le coſté gauche le Belier , le

Taureau, l'Escreuiſſe, le Scorpion,
& le Capricorne, & au coſté droict,
les Gemeaux, le Sagittaire, l'Eſchan-
ſon, les Poiſſons & la Vierge, & faits
que le Lyon porte-or, ſe iette au ſein
de la Vierge, & que ce coſté là de la
Balance poiſe le plus: Bref faits que
les douze ſignes du Lyon Zodia-
que faiſant leurs conſtellations auec
les ſept gouuerneurs de l'Vniuers ſe
regardent tous de bon œil, & ſe face
(apres que ſeront paſſées toutes les
couleurs) la vraye conionction &
mariage, afin que le plus haut ſoit
rendu le plus bas, & le plus bas le
plus haut.

Si de l'Vniuers la nature
Miſe eſtoit ſoubs vne figure,
Et ne pourroit eſtre changée
Ny par aucun art alterée,
Perſonne ne la cognoiſtroit

Ny les miracles qu'elle feroit,

C'est pourquoy remercier deuons

Ce grand Dieu qui nous à faict tels

dons.

DIXIESME CLEF DE
l'œuure des Philosophes.

CHAP. X.

DAns nostre Pierre que les anciens sages mes predecesseurs
ont faite long temps deuant moy,
sont contenus tous les Elemés, toutes les formes & proprietez Mine-
rales & metaliques, voire mesme
toutes les qualitez qui sont au monde, car l'on y doit trouuer vne extresme chaleur & de grande efficace,
pource que le corps froid de Saturne
doit estre eschauffé & conuerty en

pur par la vehemence de son feu
interne : Il y doit aussi trouuer vn
extresme froid, d'autant qu'il en
faut temperer la grand Venus, qui
brusle & consume tout & congele
le Mercure vif, & en faire vn corps
solide : La cause de cecy est telle,
pource que la nature a donné à la
matiere de nostre diuine Pierre toutes ses proprietez, qu'il faut par certains degrez de chaleur, comme cuire, faire meurir & mener à perfection, ce qui ne se peut executer deuant que le mont Gibel de Cicille
aye mis fin à ses embrasemens, & ne
se puisse plus trouuer aucune froidu-
re és montagnes Hiperborees, lesquelles tu pourras bien aussi appel-
ler Faugeraye, tousiours gelées de
froid, & couuertes de Neiges.
Toutes pommes cueillies deuant
qu'estre meurtes se fennét & ne sont

presque bonnes à rien, il en est dé
mesme des vaisseaux des potiers qui
ne peuuét seruir s'ils ne sont cuits à
assez grand feu, pource que le feu,
ne leur a pas donné leur perfection:
Il faut prédre garde à la mesme chose en nostre Elixir, que l'on ne luy
face tort d'aucun iour dedié & con-
sacré à sa generation, de peur que
nostre fruict estant trop tost cueilly
des pommes des Hesperides, il ne
puissent venir à vne maturité extré-
mement parfaicte, & sa faute reiet-
tee sur l'ouurier peu sage, qui se sera
follement hasté; car il est notoire à
tout le monde qu'il ne se peut produire aucun fruict d'vne fleur arra-
chee d'vn arbre. Parquoy toue
te hastiueté se doit éuiter à nostre
art, comme dangereuse & nuisible,
car par elle peu ou rarement venir
au bout de son dessein, mais on va

touſiours de mal en pis.

C'eſt pourquoy, que le diligent explorateur des effects merueilleux de l'art & de la nature prenne garde à ce que pouſſé d'vne curioſité dommageable, & d'vn deſir par trop curieux, il ne cueille rien de noſtre arbre deuant le temps, & que la pomme luy tombant des mains, ne luy en laiſſe qu'vne marque & veſtige miſerable, car ſi l'on ne laiſſe meurir noſtre pierre, veritablement elle ne pourra iamais donner maturité à aucune choſe.

La matiere s'ouure & diſſoult dans l'eau, ſe conioinct, & eſt renduë groſſe en la putrefaction, dans la cendre elle acquiert des fleurs dignes auant-couriers du fruict, toute l'humidité superfluë ſe deſſeiche dãs le ſable, la flambe du feu la rend entierement meure, & fermement ſi-

xe, non pas qu'il faille auoir, & necessairement le seiour du Bain marie,
du fient de cheual, de cendres & de
sable. Mais pource qu'il faut par tels
degrez regir & gouuerner son feu,
Car la pierre enfermee dans le fourneau vuide, & munie de triple bou-
leuart se forme & cuit tousiours iusques a ce que tous les nuages & va-
peurs soient dissipees & disparoif-
sent, & qu'elle soit vestue & ornee
d'habits de triumphe & de gloire,
& demeure en la plus haute ville des
Cieux, & s'arreste en courant. Car
quand le Roy ne peut plus esleuer
les mains en haut, l'on a remporté la
victoire de toute la gloire mondai-
ne; pource qu'estant alors comble
de tout bon heur, & doué de con-
stance & de force, il ne sera doresma-
uant subiect a aucun danger? Ie te
dicts donc que tu desseiches la ter-

re diffoulte en fa propre humeur,
par feu deuement applique ; eſtant
deſſeichee l'air luy doñera vne nouuelle vie, ceſte vie inſpiree fera vne
matiere qui à bon droict ne doibt
point eſtre appellée que la grand'
Pierre des Philoſophes, qui comme
vn eſprit, penetre les corps humains
& metaliques, & eſt remede general à toutes maladies, car elle chaſſe
ce qui eſt nuiſible , & conſerue ce
qui eſt vtile, & dónant à toutes choſes vn eſtre accomply : Accorde &
aſſocie parfaictement le mauuais
auec le bon : Sa couleur tire du
rouge incarnat ſur le cramoiſy , ou
bien de couleur de rubis ſur couleur
de grenade, quant à la peſanteur elle poiſe beaucoup plus qu'elle a de
quantité.

Celuy qui aura trouué ceſte Pierre, qu'il remercie Dieu, pour ce baul-

me celeste, & le supplie de luy ø-
ctroyer cette grace, qu'il en puisse
heureusement franchir la carriere de
cette vie miserable, & en fin ioüyr
de la beatitude eternelle.

Loüange soit à Dieu, pour les
dons infinis & singuliers plaisirs qu'il
nous a fait, & luy en rendons graces
eternellement. Ainsi soit-il.

VNZIESME CLEF DE
l'œuure des Philosophes.

CHAPITRE XI.

IE t'expliqueray l'vnziesme Clef
qui sert à multiplier nostre celeste Pierre par cette similitude.

Il y auoit és pays de Leuant vn bra-
ue chenalier nommé Orphée, grandement riche, car il auoit des riches-

ses à foison, & ne manquant de chose aucune : il auoit espousé sa sœur
propre appellee Euridice : Mais ne
pouuant auoir d'elle aucuns enfans,
& croyât que ce mal-heur luy estoit
enuoyé pour punition de son ince-
ste, prioit Dieu continuellement,
esperans obtenir de luy misericor-
de, & entherinement de sa re-
queste.

Vn iour dormant profondement
il luy sembla y coir vn homme vol-
lant à luy nommé Phœbus, qui ayât
touché ses pieds grandemét chauds,
luy parla de la façon : Apres auoir,
courageux cheualier, voyagé par
beaucoup de Royaumes, de pays, de
Prouinces, & de villes, t'estre hazar-
dé sur Mer à beaucoup de dangers,
& auoir à la guerre renuersé de ton
bras victorieux ce qui te faisoit resi-
stance, l'on t'a à bon droict donné le

colier de cheualier, ourre plus d'autant qu'és jouftes & tournois tu as
rompu beaucoup de lances, & main-
refois les dames t'ont auec acclama-
tion de tous les affiftans, adiugé le
prix & l'honneur de la victoire, le
pere celefte m'a commandé de te
venir annoncer qu'il a executé tes
prieres, & c'eft pourquoy tu prendras du fang de ton cofté droict, &
du cofté gauche de tu femme, auffi
le fang qui eftoit au cœur de ton pere & de ta mere, ce fang de fa nature
eft feulement double, & néanmoins
feulement fimple, conioincts les, &
les mets dans le globe des fept fages,
bien fermé, & l'enfant nouueau né
trois fois grãd fera nourry de fa propre chair, & fon glorieux fang luy
feruira de breuuage. Si tu fais bien
cela, il te viendra de grandes richeffes, & tu tas beaucoup d'enfans. Mais

apprens qu'il faut, pour perfection-
ner ta derniere semence, la huictief-
me partie du temps qu'a mis la premiere, de laquelle tu as pris naiſſance:
Si tu faits cecy ſouuent, & que touſiours tu recommences, tu verras les
enfans de tes enfans, & vne multi-
plication de ta race à l'infiny: & ſera
le grand monde tellement remply
par la fertilité &fœcundité du petit,
que l'on pourra aiſément poſſeder le
Royaume celeſte du createur de l'v-
niuers.

　Apres cela faict, Phœbus s'enuo-
la, & s'eſtát auſſi toſt reſueillé le cheualier, il ſe leua pour executer ce qui
luy auoit eſté commandé, ayant mis
tout en effect, il ne fut pas ſeulemét
tout auſſi toſt aſſiſté de bon-heur en
toutes ſes entrepriſes, mais auſſi ap-
puyé ſur la bonté de Dieu, il engen-
dra pluſieurs enfans, qui heritiers des

biens paternels s'acquirent vne grande renommée, & toufiours conser-
uerent l'ordre de cheualerie qu'ils
auoient euë de la succession de leur
pere.

Si tu és sage & desireux de sagesse,
tu n'as que faire de plus ample de-
monstration, sinon, tu n'en dois re-
ietter la faute sur moy, mais sur ton
ignorance, car il ne m'est pas permis
d'en declarer dauantage, ny de des-
cacheter ce pacquet, & mettre en
veuë tous les secrets, cela sera assez
clair & manifeste à celuy que Dieu
en iugera digne, car j'ay tout escript
plus clairement qu'il est possible de
croire, & ay monstré toute l'œuure
en figures, selon qu'ont faict les anciens Philosophes aux Maistres; mais
bien plus clairement (car ie n'ay rien
caché) que pas vn autre. Si tu chasses
de toy les tenebres d'ignorance, &

és clair voyant des yeux de l'enten-
dement, asseurément tu trouueras
vne Pierre pretieuse qu'ont cherché
beaucoup, & que peu ont trouuee,
car ie t'ay comme entierement
nommé la matiere, & suffisamment
démonstré, le commencement, le
milieu & la fin de l'œuure.

DOVZIESME CLEF DE l'œuure des Philosophes.

CHAPITRE XII.

L'Espee d'vn escrimeur qui ne sçait pas tirer, ne luy peut de rien seruir, pource qu'il n'en a pas le maniement, car il est aisément mis à bas & terrassé par vn autre qui sçaura mieux tirer & porter vn coup que luy, mais celuy qui entend parfai-

ctement l'escrime, rauit aisément la
victoire d'entre les mains de tous les
autres.

Il en arriuera de mesme à celuy
qui aura, auec l'ayde de Dieu, acquis la teinture, & ne s'en sçauroit
pas seruir, comme au gladiateur qui
ne sçait pas son mestier; Mais d'autant que voicy la douziesme & derniere Clef qui ferme ce liure, Ie ne
parleray plus auec ambiguité Philosophique, mais i'expliqueray nuëment & clairement cette Clef tou-
chant la teinture, entendez donc
cette doctrine suiuante.

Prens vne partie de cette medecine & Pierre des Philosophes deuëment preparee, & faite du laict vir-
ginal, & trois parties des tres-pur or,
passé par la coupelle auec de l'Antimoine, & battu en lames tres-me-
nuës, conioincts les dans vn creuset,

& leur

& leur donne vn feu moderé aux
douze premieres heures, puis fonds
les, & les tiens en ce feu par l'espace
de trois iours naturels, & la Pierre
sera changee en vraye medecine,
d'vne nature subtile, spirituelle &
penetrante : Et elle ne teindroit pas
aisément à cause de sa grande subtilité sans le ferment de l'or, mais
quand elle est fermentee de son
semblable, la teinture entre facile-
ment: Prens puis apres vne partie de
cette masse fermentee, & la iette sur
mille de metail fondu, que tu veux
fondre, & vrayement le tout sera
changé en tres bon or, car vn corps
prend aisément vn autre corps ; &
bien qu'il ne luy soit pas semblable,
il luy doit neantmoins estre conioint: Et par sa grande force & vertu rendu semblable, veu que le sem-

blable a esté engendré de son semblable.

Celuy qui aura mis ce moyen en
practique, sçaura toutes les autres
circonstances. Les sorties des por-
taux du Palais Royal sont ouuertes à
la fin ; cette si grande subtilité ne
peut estre comparée à aucune chose
creée; car elle seule compréd & pos-
sede toutes choses dans toutes choses, que l'on peut trouuer par raisons
naturelles contenuës & encloses
dans la conference de l'Vniuers.

O commencement du commen-
cement ! aye souuenance de la fin!
ô fin derniere fin! souuienne toy du
commencement, & ayes en grande
recommandation le milieu de l'œuure. Et Dieu le Pere, le Fils & le
Sainct Esprit vous donnera ce qui
est necessaire à l'esprit, à l'ame & au
corps.

DE LA PREMIERE MA-
tiere de la Pierre des Philosophes.

Vne pierre se voit qui à vil prix
      se vend,
D'elle vn feu fugitif son origine prend,
Noſtre Pierre de luy eſt faite & com-
      posee,
Et de blanche couleur & de rouge pa-
      ree,
Elle eſt pierre & non pierre, & la na-
      ture en elle
Peut seule demonſtrer sa vertu nom-
      pareille,
Pour d'elle faire yſſir vn ruiſſeau clair
      coulant,
Dans lequel elle ira son pere suffo-
      quant:
Et puis d'iceluy mort, gourmande elle
      se paiſtra,

H ij

Iusqu'à ce que son ame en son corps
　　renaistra,
Et sa mere qui est de nature volante,
En puissance luy soit, & en tout res-
　　semblante,
Et à la verité son pere renaissant
A bien plus de vertu qu'il n'auoit par-
　　auant,
Lamere du Soleil surpasse les annees
En aage, à cet effect par toy Vulcan
　　aydees,
Son pere neătmoins precede en origine,
Par son spirituel estre & essence diuine,
L'esprit, l'ame, le corps sont contenus
　　en deux,
Le magistere vient d'vn qui seul &
　　vn estant,
Peut ensemble assembler le fixe & le
　　fuyant,
Elle est deux, elle est trois, & toutes-
　　fois n'est qu'vne;
Si tu n'és sage en cela, n'entendras cho-

ſe aucune,
Faicts lauer dans vn bain Adam le
    premier pere.
Où ſe baigne Venus des voluptez la
    mere,
D'vn horrible Dragon ce bain l'on
    preparoit,
Quand toutes ſes vertus & ſes forces
    il perdoit
Et comme dit fort bien le Genye de
    Nature
L'on ne le peut nommer que le double
    Mercure:
Je me tais, i'ay finy, i'ay nommé la ma-
    tiere,
Heureux trois fois heureux qui com-
    prend ce myſtere,
Que le ſoucieux ennuy ne te ſurprenne
    point,
L'iſſuë te fera voir ce tant deſiré point.

FIN.

H iij

LIVRE
TROISIESME
CONTENANT VNE
abregee repetition de tout ce
qui est contenu dans les traittez
des douze Clefs de la Pierre precieuse des Philosophes.

Dans laquelle est par le mesme Au-
theur Fr. Bazile Valentin mise en
lumiere: La lumiere des Sages.

OY Basile Va-
lentin Religieux
de l'ordre de S.
Benoist, ay com
posé ces traictez
precedens, par

lefquels fuiuant la trace des anciens
Philofophes, ay declaré par quelle
voye & moyen l'on peut chercher
& trouuer ce precieux threfor, duquel les fages ont conferué leur fanté, & prolongé leur vie à beaucoup
d'annees: Et bien que ie ne me fois
efloigné en aucun point de la verité, comme ma confcience en pourra rendre tefmoignage deuát Dieu,
qui cognoift le dedás de nos cœurs,
& aye toufiours mis en veuë la verité qu'vn moyennement docte n'au-
roit que faire d'autre flambeau pour
efclairer, Car la theorie que ie luy
en ay baillee, conioincte auec les douze Clefs de practique, feront plus
que fuffifans des nuicts neantmoins
que ie paffois à veiller, & le peu aggreable repos que ie prenois en ne
dormant pas, mais les diuerfes pen-
fees qui eftoient pendant l'obiect de

H iiij

mon imaginatiue, m'ont perſuadé
d'expliquer plus clairement, mettãt
en abregé le liure que i'auois mis en
lumiere du flambeau que i'auois al-
lumé, plus eſclatante, afin de mieux
eſclairer, pour deſcouurir noſtre de-
ſirée Pierre, à ceux qui ſont amateurs de l'art, & curieux de cognoiſtre la Nature: Et encores que ie ſça-
che bien que beaucoup diront que
i'ay tout plus que trop enſeigné, &
qu'a cauſe de cela i'ay chargé ma
conſcience de beaucoup de pechez,
Ie leur reſpondray neantmoins que
cela encores eſt aſſez obſcur aux
ignorans & gens de peu d'eſprit,
mais clair & manifeſte aux enfans
de ſcience: C'eſt pourquoy eſcou-
te & poiſe bien mes paroles, & ſuits
ce qu'ils t'enſeigneront, tu paruien-
dras droiƈt aux plus cachez myſteres
de l'Art & de la Nature.

Ie n'ay rien escript que ie ne doi-
ue approuuer & duquel ie ne fois
prest à rendre compte au iour du iugement.

Or tu trouueras cet abregé en
vrayes & fimples inftructions fui-
uantes, car iene m'y eftudie point à
auoir des mots affectez & falacieux,
mais à fuiure nuëment la verité.

I'ay enfeigné dans le precedent
traicté que toutes chofes naiffent &
font compofez de trois, fçauoir eft,
de Mercure, de Soulfre & de Sel, &
c'eft chofe certaine.

Mais apprens encores que noftre
Pierre eft cõpofee de deux, de trois,
de quatre & de cinq: De cinq c'eft à
dire, de fa quintefféce, de quatre qui
font les quatre elemens; de trois affauoir des trois principes des chofes
naturelles, de deux qui fignifient le
Mercure double, & d'vn qui eft le

premier principe de toutes choses,
qui fut produit pur & net de la creation du monde, *fiat*, soit faict.

Afin que personne ne se trauaille
à comprendre ces choses, & ne se
peine à chercher en vain le sens
mystique, & la vraye explication,
ie traicteray en peu de mots : Premierement du Mercure, puis du
Soulfre, & apres du Sel de nostre
pierre, qui sont les principes mate-
riels.

DV MERCVRE, PREMIER
principe de l'œuure des philo-
sophes.

REmarque donc premierement
que hul argent vif commun ne
sert à nostre œuure, car nostre argēt
vif se tire du meilleur metail par

art ſpagirique, & eſt pur ſubtil , re-
luiſant, clair comme eau de roche,
diaphane comme chriſtal , & ſans
aucune ordure:Reduicts le en eau
ou huille incombuſtible , pource
que ſelon que m'en aduouent les ſages,Mercure a eſté eau au commencement , diſſout en ceſte huille incombuſtible ſon propre Mercure,
duquel a eſté faiet cette eau , preci-
pite-le dans ſa propre huille : ET TV
auras le Mercure double ; Mais no-
te que le Soleil apres auoir eſté purifié ſelon que ie t'ay enſeigné en la
premiere Clef, doibt eſtre diſſoult
par vne certaine eau particuliere
que ie t'ay donnée dans la ſeconde,
& reduit en chaux ſubtile,ſelon que
ie t'ay enſeigné en la quatrieſme:
Cette chaulx doit paſſer par l'alembic auec eſprit de S E L,& eſtre pre-
cipité dans ceſt eſprit, & reduict à

feu de reuerbere en pouldre ſubtile, & que ſon Soulfre puiſſe plus fa-
cilement entrer en ſa propre nature,
& l'embraſſer plus eſtroictemét par
vn amour reciproque , & tu auras
deux ſubſtances dans vne que l'on
appelle le Mercure des Philoſophes,
& n'eſt qu'vne Nature, & le premier
ferment.

DV SOVLFRE, SECOND
principe de l'œuure des Philoſophes.

TV chercheras ton Soulfre dans
le meſme metail, il le faut tirer ſans aucune corroſion par feu
de reuerbere, d'vn corps purifié &
diſſoult; & comment cela ſe peut-il
faire? ie te l'ay declaré ne t'en diſant
mot, & te l'ay aſſez clairement mon-

ftré dans la troifiefme Clef: Tu dif-
foudras ce Soulfre dans fon propre
fang, duquel il a pris naiffance, ob-
feruant le poids que ie t'ay ordonné
en la fixiefme Clef, l'ayant faict, auras diffoult & nourry le vray Lyon
du fang du Lyon verd , car le fang
fixe du Lyon rouge eft faict du fang
volatil du verd, parquoy ils font tous
deux d'vne mefme nature, & le fang
volatil de l'vn rend auffi volatil le
fang fixe de l'autre : Et au contraire
le fixe rend le volatil auffi fixe qu'il
eftoit auparauant la folution; entre-
tiens les en chaleur moderee , iufques à ce que le Soulfre foit du tout
diffous , & tu auras par le commun
accord des Philofophes , le fecond
ferment & le Soulfre fixe nourry du
volatil, que l'on tire en alembic par
efprit de vin, qui eft rouge comme
an g: & eft appellé Or potable, que

l'on ne peut confolider, ny reduire
en fubftance corporelle.

DV SEL TROISIESME
principe de l'œuure des Philofophes.

LE Sel felon que l'on le prepare a
des effects diuers, rendant le
corps fixe, & tantoft volatil, car l'efprit du Sel de Tartre tiré fans aucun
ingredient rend par la refolution &
putrefaction tous les Metaux vola-
tils, & les reduict en vn Mercure vif,
cóme te l'enfeignent mes Mineraux:
Le Sel de Tartre auffi fixe de foy
grandement, notamment fi l'on y
adioufte de la chaulx viue auec fa
chaleur, car eftant iointe enfemble
ils ont vne merueilleufe vertu fixa-
tiue: Selon donc que l'on prepare le

Sel vegetable de Tartre, il peut & fixer & rendre volatil, ce qui est vn admirable secret de nature, & vn effect merueilleux de l'art Philosophique.

Il se faict vn Sel volatil & bien clair d'vrine d'vn homme, qui par quelque temps n'aura beu que du vin pur, & ce Sel dissoult toutes choses fixes, & les tire auec soy par l'alembic, il ne fixe pas neantmoins, & bien que cet homme n'aye beu que du vin, duquel par son vrine est tiré ce Sel de Tartre; Car il s'est fait dans le corps de l'homme vne certaine transmutation par laquelle la partie vegetable, c'est à dire l'esprit vegetable du vin, s'est changée en animale, c'est à dire en l'esprit animal du Sel de l'vrine, comme par exemple, és cheuaux se faict transmutation d'auoine, foin & autres telles nourritures, les changeant en leur propre fubftance, affauoir en chair, & autres parties de leurs corps.

Les Abeilles auffi font du miel des meilleures particules, & fur des her-bes & fleurs: & ainfi des autres cho-fes, defquelles la Clef & principale caufe gift en la putrefaction d'où prouiennent toutes ces fortes de fe-parations & tranfmutations.

L'efprit de Sel commun tiré par certain moyen que ie t'ay monftré en ma derniere inftruction, mis auec vn peu de l'efprit du dragon, dif-fout l'or & l'argent, & les fait mon-ter au haut de l'Alembic, tout de mefme comme l'Aigle ioint auec l'efprit du Dragon, hofte perpetuel des rochers & montagnes, Mais fi l'on fond quelque chofe auec le Sel deuant la feparation de l'efprit d'a-uec le corps, il eft pluftoft rendu fi-xe que diffoult.   Ie te

Ie te dicts dauantage, que l'esprit de Sel commun conioint auec l'esprit de vin, & distillé par trois fois auec luy, deuient doux & perd toute corrosion & acrimonie, cet esprit ne combat plus corporellement contre l'Or, mais si l'on le fond sur la chaulx de l'Or deuëment preparé, il tire sa grande rougeur, & si l'on procede côme il faut, la chaulx donne & empreint à la Lune purifiée vne couleur semblable à celle qu'a eu premierement le corps d'où elln a pris son origine.

Ce corps peut receuoir sa premiere couleur, se meslant & ioignant à la lasciue Venus, d'autant qu'il a du commencement pris auec elle sa naissance de son sang, ou du moins de semblable au sien, & ie ne t'en diray pas dauantage.

Notte que l'esprit de Sel dissoult

auſſi la Lune preparee, & la reduict
(comme t'enſeignét mes inſtructiós)
en vne nature ſpirituelle, de laquelle
ſe peut faire la Lune potable, ces eſprits du Soleil & de la Lune doiuét
eſtre cóioincts comme le mary à la
femme, par l'entremiſe de l'eſprit
du Mercure, ou de ſon huille.

L'eſprit eſt dans le Mercure, la
couleur dans le Soulfre, & la congelation dans le Sel, & ce ſont ces trois
qui peuuét reproduire le corps parfaict, c'eſt à dire, l'eſprit du Soleil
fermenté de ſa propre huille : Le
Soulfre que l'on trouue abondam-
ment dans la nature de Venus en-
flambé de ſang fixe par elle engendré, l'eſprit prouenant du Sel Phiſi-
que donné, en fortifiant & endurcif-
ſant la victoire entiere, encores que
l'eſprit de Tartre, d'vrine & de
chaulx viue, auec du vray vinaigre

aye bien de la vertu , car l'eſprit de
vinaigre eſt froid , & celuy de la
chaulx viue eſt chaud , c'eſt pourquoy l'on le iuge à bon droiƈt eſtre
de nature contraire , comme auſſi
l'on le voit par experience : Ie viens
de parler en Philoſophe, & ne m'eſt
pas permis de paſſer outre, & monſtrer à aucun comment les portes
ſont fermees & réparees au dedans.

Ie te donne encores cecy , pour
dire adieu : Cherche ta matiere dans
la nature metalique , faiƈts en vn
Mercure,& le fermente d'vn Mercure , puis d'vn Soulfre, & le fermente pareillement de ſon propre
Soulfre, diſpoſe & mets tout en ordre par le Sel, tire le vne fois par l'a-
lembic , & meſle le tout par iuſte
poids, & il viendra vn qui a pris auſſi
auparauant ſon origine d'vn, fixe le,
& le coagule par chaleur continuë,

puis le multiplie, comme ie t'ay appris és deux dernieres Clefs, & le fermente pour la troisiesme fois, & tu viédras à bout de ton dessein, quád à l'vsage de la teincture, la douziesme Clef t'en a assez instruict.

PREMIERE ADDITION

continuant les enseignemens de l'œuure susdite.

POur le pardessus, ie te veux apprendre que du noir Saturne & du doux Iupiter se peut aussi tirer vn esprit, qui par apres se reduict en huille douce comme en sa plus gráde perfectió, qui peut particulierement & fermement oster la vie au Mercure, & le rendre beaucoup meilleur, comme ie te l'ay enseigné en mes mineraux.

SECONDE ADDITION
des œuures susdictes.

AYant ainsi preparé ta matiere
sois seulement soigneux à gouuerner ton feu, car toute l'œuure en
despend, depuis le commencement
iusques à la fin.

Nostre feu n'est que commun &
naturel, & le fourneau vulgaire, &
bien que les anciens sages & mes
predecesseurs ayent escript que nostre feu n'est feu commun: Ie te dits
neatmoins en vérité, que c'est qu'ils
ont tous caché selon leur coustume, car nostre matiere est vile, &
l'œuure que l'on conduict seulemēt
par le regime du feu, est aisée à faire.

Le feu de lampe auec esprit de
vin n'y est pas propre, car il s'y faict

de trop grands coufts & defpenfes;
Le fient de cheual n'eft que perte &
deftruction, & noftre matiere ne
peut iamais par fon moyen venir à
perfection.

La multitude & varieté de fourneaux n'eft qu'inutilité fuperfluë, &
fuperfluité inutile, car il ne faut en
noftre triple vaiffeau que varier &
changer les degrez du feu.

Prens donc garde que les trom-
peurs ne te deçoiuent en la varieté
des fourneaux, car le noftre eft vulgaire, le feu commun & la matieré
eft abiecte; Le matras reffemble en
figure au contour & rotondité de la
terre, tu n'as que faire d'auoir dauantage d'inftructions, à fçauoir gouuerner ton feu, & baftir ton fourneau, car qui a la matiere trouuera
bien toft vn fourneau, & qui a de la
farine ne met gueres à trouuer vn

four, & ne se doibt pas beaucoup
soucier de faire cuire du pain.

Il n'est pas besoin d'escrire amplement de ce point, prends seulement
garde à la chaleur, & faicts que tu
puisses discerner le chaud d'auec le
froid, si tu frappes le but, tu auras
tout faict, & seras paruenu à la fin
desiree de l'art, pour recognoissan-
ce de laquelle soit perpetuellement
loué Dieu, autheur de toute la Nature. Ainsi soit-il.

COLLOQVE DE L'ESPRIT
de Mercure à Frere Albert.

L'ESPRIT.

Velle est l'occasion, Albert,
que tu m'as tant fait de con-
iuratiós pour me faire venir?

ALBERT.

Ie te la veux dire, moyennant que

tu me donnes asseurance pour mon
corps, ma vie & mon Ame, & que
ie n'auray aucun desplaisir de toy.

L'ESPRIT.

Il n'est pas en mon pouuoir de te
faire du desplaisir, ny ne suis pas venu aupres de toy pour cela, mais si
tu ne quittes ton appellation, tu és
des-ja recommandé à vn autre qui
te chastiera toy & tes semblables, &
ioüera bien son ieu au salut de ton
ame, ie ne puis t'auancer ny reculer,
si i'estois vn homme ie voudrois bien
estre sauué, & pource respond moy
à mes demandes.

ALBERT.

Ie te prie ne sois fasché côtre moy,
car ie suis vn homme debile, & tu és
vn esprit puissant & subtil, & pource dy moy premierement si tu és
bon ou mauuais, ou qui tu és.

L'ESPRIT.

Ie ne suis ny bon ny mauuais, mais
ie suis vn des esprits des sept Planettes qui gouuerne la moyenne nature, ils ont le commandement de
gouuerner les quatre differétes parties du monde, sçauoir le Firmamét,
les animaux, les vegetaux, & partie
des mineraux, & nous sommes sept
qui par nostre agilité conduisons dás
les trois parties inferieures, les ascé-
dans & descendans, & operons en
eux, car les planettes ne peuuent pas
descendre corporellement icy bas,
mais leur esprit, lequel ayde les choses qui sont disposées à engendrer
par la vertu des quatre Elemens. Celuy qui a ceste intelligence se pourra
disposer à l'œuure.

ALBERT.

Ie suis grandement ioyeux que tu
me donnes vne si belle intelligence,
& que i'ay cópris par toy plus que ie

n'ay iamais fait d'aucun Philofophe,
mais ie te prie accorde moy encore
vne demande, & ie te diray le fubjet
pour lequel ie t'ay appellé, & ie le
declareray par ordre fi tu me veux
dire ton nom.

L'ESPRIT.

Mon nom ie fuis l'Efprit des Planettes, non pas le Dieu du Mercure,
cóme tu me qualifies par tes appellations, & ne fuis pas venu par la force d'icelle, mais par la permiffion de
Dieu, ie fuis venu fans contrainćte,
auffi qu'il a efté dóné à chacun homme vn efprit feruiable de Dieu, mais
il s'en trouue peu qui s'en rendét dignes, pource n'aye point peur de ma
noirceur, car elle fera pour le cómen-
cement de ta richeffe: Car au commencemét de la creation tout eftoit
en tenebres, & aprés l'aggreable rougeur du matin, le Soleil fe leue tout

en ſang & feu, ſi tu crois à ceſt heure
mes paroles qui ne ſont pas humaines, mais vne voix raiſonnante ſelon
ma nature, ie te veux eſcouter amia-
blemét & te donner bonne addreſ-
ſe, ſors donc hors de ton appellation
& m'y laiſſe entrer, aſſis toy à table
& que i'eſcriue auec ſoing ce que ie
te diray, mais dis moy premieremét
le ſubiect pourquoy tu m'as fait venir, & ne ſois point cauteleux, mais
ſimple & ſuccint à tes demandes.

ALBERT.

Au nom du Pere, du Fils & du S.
Eſprit, Amen. La tres-ſainĉte &
vne inſeparable Trinité, & inſeparable Deité vnique: Mercure ie te demande que tu me die la verité, ſi ce
que les anciens ont eſcrit de la Pierre des Philoſophes, ou de ſa teinĉtu-
re eſt veritablement en la nature, ou
ſi c'eſt vne ſubtile ſpeculation.

L'ESPRIT.

Sçaches que les Philosophes par
preuoyáce ont escript diuerses choses afin que les ignorans qui ne ten-
dent qu'a l'or & a l'argent feussent
abusez, ainsi le plus grand secret de
la nature, & les vertus naturelles qui
font à tous chercher la verité, se trouuera que Dieu a mis dãs la nature, &
que l'homme ne peut pas cognoistre, si on ne luy monstre clairémét,
& encore ne le peut il comprédre, à
cause de son aueuglemét, & qu'il ne
peut pas se cognoistre soy-mesme.

ALBERT.

I'entends par tes paroles, bien
qu'elles soient obscures, que tu entends l'or tres-fin.

L'ESPRIT.

En partie tu as bien entédu, mais il
y a encore vne nuée trouble deuant
tes yeux, c'est le plus fin or, mais non

pas celuy qui est affiné dans la four-
naise, mais celuy que la nature mesme par son seruiteur Vulcan a affiné
sans science, à la mode de luy est tiré
le double Mercure, & quand tu auras iceluy tu pourras disputer auec
ton Abbé, & luy dire, *Azot & ignis* *aqua et ignis*
tibi sufficiunt, Il est donc manifeste *sufficiunt*
qu'il est plus que le fin or, auquel
Dieu en la creation luy a donné cette vertu pour estre manifesté aux
hómes, afin que chacun le puisse a-
uoir, s'il est bien illuminé de Dieu.

ALBERT.

Ouy, où se peut trouuer cest or?

L'ESPRIT.

Au dessous du Ciel, en plusieurs
montagnes & valees, tous les hommes l'ont deuant les yeux & ne le
cognoissent pas.

ALBERT.

Combien en faut il pour l'œuure.

L'ESPRIT.

Si tu en as deux onces tu peux a-
chepter la couróne du plus grád mo-
narque du monde, & garde le reste.

ALBERT.

Auec l'ayde de Dieu nous en trou-
uerós bien autãt, & quand on en aura acheue deux onces, c'est assez pour
le commencement comme ie croy
que vous dictes.

L'ESPRIT.

Mais tu ne sçay pas le corps cóme
moy qui suis esprit, ie ne parle pas
du corps, mais bien plus de l'esprit,
comment veux tu peser l'esprit, qui
est en si petite quantité, au prix de ce
qui est tiré de son corps, mais apres
en vertu surpassant en gráde quátité
ledit corps, si tu veux rendre cest esprit net de son corps corporel, & le
transmuer en vn corps spirituel, tu
pourras dire apres à ton Abbé, *Ignis*

Ẽ/ AZot tibi sufficiunt.

ALBERT.

O celeste parole, comment doy-je
faire cela.

L'ESPRIT.

Solue & coagula ; dissoults & coagule. *1° operão Solvere 2ᵗ Coagulare.*

AEBERT.

Que tes paroles sont succinctes &
difficiles à entendre, & mal-aisees à
comprendre, mais toute la science
est là dedás, ie doy dissoudre le corps
de l'or, & par sa dissolution tirer l'esprit teingent: c'est sans doute le double Mercure de Bernard, d'où est tiré ce corps ce n'est pas le fin or, mais
la teinture qui est cachee en luy, de
cela on tire le double Mercure.

L'ESPRIT.

Maintenant le voile est en partie
osté de deuant tes yeux, tu as bien
entendu, entends maintenant quel

corps c'eſt.

ALBERT.

Auec quoy dois-je diſſoudre le corps de l'or?

L'ESPRIT.

Par ſoy-meſme, & ce qui eſt le plus proche de luy.

ALBERT.

Cette parole eſt peſante, voire plus peſante que la ſcience meſme : ie te prie monſtre moy cela & me dis le moyé & le tour de main de la vraye diſſolution.

L'ESPRIT.

Moy tout eſprit, maintenant ie ne le puis monſtrer, car ie n'ay point de main, mais ſi i'auois vn corps comme toy, ie voudrois faire toute l'œuure, cherche ſoigneuſement dans ton Bernard, tu trouueras là dedans le moyen & le tour de main de la vraye diſſolution, auec toutes les cir-conſtances

con stances, escriptes trois fois, deux
fois vray, & vne fois faux, à cause des
ignorans.

ALBERT.

O moy miserable! i'ay tant veu
Bernard que i'en suis quasi au mourir, & n'ay peu comprendre cela, encore que par son enseignement ie
cognois le Roy , mais la Fontaine
m'est incogneuë, & partant ie te prie
monstre moy qui est la fontaine.

L'ESPRIT.

Tu veux estre trop sçauant bien
tost, ie ne te le peux pas monstrer , il
faut que tu aye le Roy premieremét,
car on n'eschauffe pas le bain, que le
Roy n'y soit : mais toy, va chercher
ton Abbé & dis luy qu'il te face pro-
uisió de dix liures du meilleur 98756
Æ 5Æ d'Orient, tout ainsi qu'il vient
du ventre de sa mere sans feu , apres
ie te veux declarer tout ce que tu

K

n'entends pas, ſois ſecret, & ne monſtre point ton eſcrit à ton Abbé ſur
peine de la vie, ny que tu m'aye veu,
oſte de toy toutes tes appellations &
coniurations, & demeure touſiours
en bonne volonté, priant Dieu qu'il
te donne vn bon eſprit, autrement
ie n'oſerois plus retourner vers toy,
ainſi ie veux eſtre ton bon amy , &
autant de fois que tu auras beſoin de
mon conſeil , ie me trouueray aupres de toy.

ALBERT.

Ha! demeure encore vn peu, dits
moy ſi ie viuray aſſez long temps
pour faire la teincture.

L'ESPRIT.

Ouy, tu l'acheueras , mais ton Abbé ne viura pas tant , tu l'auras apres
ſa mort, & ſi tu ne te gouuernes ſage-
ment, elle te cauſera de gráds incon-
ueniens, & partant prens bien garde

à toy, & à qui tu la monftreras , car cefte teincture t'amenera de grands aueuglemens, garde bien ton liure & ta teincture, afin qu'on ne les trouue point fur toy, autrement tu coureras grande fortune, & feras mis en prifon, voire mefmes à la mort, fois donc bien fage &te tiens ioyeux, car plufieurs de grande & baffe qualité s'efforçent que le fecret ne foit point manifefté, car ils ne peuuent en autre corps dire verité qu'é vne vnique chofe, qui eft tout en tout, pour dire la verité , le refte ne fert que pour abufer les ignorans , & te diray en peu de paroles la pure verité, qui eft ce que tous les Philofophes par leurs efcripts font demeurez d'accord, de cefte pierre & teinture contenus en la nature.

ALBERT.

Dis moy qui eft cefte vnique chofe.

L'ESPRIT.

Toy qui és bon artiste & veritable, tu dois auoir appris de ton Bernard, que c'est que l'esprit de son double Mercure, & tu és quasi deuenu fol en ta premiere matiere & Azot, tu és encore bien loing du vray centre, car tu cherches la vie auec les morts & la plus parfaicte & incorruptible force de toutes les forces naturelles, dans des matieres imparfaictes & dans des choses corruptibles, sçaches en veriré que nostre rouge teincture est tiree pure & nette de la plus parfaicte creature, sur laquelle le Soleil aye iamais ietté ses yeux; laquelle vnique chose par les esprits plus parfaicts est de la cóposition des inseparables qualitez des quatre Elemés, & par la concordance des sept Planettes ont esté ioincts ensemble, & sans aucune ay-

de ou fcience d'homme, a efté parfaite en fon degré de perfection, lequel auffi par vne incroyable aug-
mentation de fa propre femence a
efté douée naturellement, & fes parties fi bien liées enfemble qu'il ne
peut eftre deftruit par aucun Elemét
fans l'ayde de l'art, & lors cefte vnique chofe eft fubjecte à corruption:
ie t'ay affez declaré pour ce coup de
quelle matiere les Philofophes ont
tiré leur teincture, fi tu entéds & cognois ce qui eft cópris en cette vnique parole, tu entédras toute la fcié-
ce, c'eft affez dit à celuy à qui Dieu
ouure les yeux, on pourroit bien icy
comprendre l'or: Mais on ne l'enté-
dra pas bien, car il y a des creatures
creées plus nobles que l'or, lefquelles
il faut chercher où la verité fe trouuera, que Dieu a mis en la nature, &
que l'homme ne peut pas cognoi-

K iij

ftre, fi on ne luy monftre tout clairement , & encores ne le peut-il pas
comprendre à caufe de fon aueugle-
ment, & qu'il ne peut pas fe.cognoi-
ftre foy mefme.

  Louange à Dieu.

EXPLICATION DE
l'Efprit fur les qualitez de la premiere matiere.

L'Humidité eft la premiere chofe qui anime le compofé , la
chofe naturelle ou l'humidité viui-
fiante ou viuificatiue, ou l'Ame,ou
l'Air, par vne diffolution de la terre & congelation de l'efprit.

  Car noftre magiftere n'eft que
parfaictement congeler , diffoudre
le corps & congeler l'efprit.

  Et telles operations ont telle al-

liance ensemble que iamais le corps
ne se dissoult que l'esprit ne se congele, & l'esprit ne se congele point
que le corps ne se dissolue , ce qui
s'accorde à ce que dit Raymond
Lulle, & autres Philosophes , que
tout le magistere & l'œuure d'icelle
n'est que dissoudre & congeler , &
c'est toute la circulation & imbibi-
tion de nostre Eau Mercuriale, laquelle les Philosophes commandét.

Car si de matiere de terre doibt
estre fait le feu , il faut qu'elle soit
subtiliée & preparée.

Par laquelle Eau les corps sont sub-
tiliez & ramenez en la premiere matiere, & prochaine à la pierre ou Elixir des Philosophes.

Car comme l'enfant est nourry au
ventre de la mere par son nourrisse-
ment naturel , par son sang men-
strual, aussi nostre Pierre doibt estre

multipliée & croiſtre en quantité &
qualitez plus fortes, parce qu'il faut
qu'elle ſoit nourrie de ſa graiſſe &
propre nature & ſubſtance : C'eſt ce
que les Philoſophes ont totalement
celé & tenu caché , comme le plus
grand ſecret.

Ceſte humidité graſſe , les Philoſophes l'ont appellée eau Mercuriale, Eau permanente ou demeuran-
te au feu, & auſſi eau diuine, c'eſt la
clef de toute l'œuure.

Cette eau n'eſt pas eau de riuie-
re ou de fontaine , comme eſt aduis aux ignorans ou falſificateurs.

Noſtre eau n'eſt que vapeur & eau
qui eſt dite modifiant ou nettoyant,
blanchiſſant & reuiuifiant , & rejet-
tant la noirceur des corps , laquelle eſt appellée eau puante.

Cette eau Mercuriale n'eſt autre
choſe que l'eſprit des corps con-

uertis en nature de quint-essence.

Cette eau est appellée vinaigre tres-fort, & est cogneuë de peu de gens: en nostre pierre est contenu deux substances d'vne nature, l'vne volatille & l'autre fixe, lesquelles & chacune d'icelles est appellée argent vif.

Et c'est d'où naist la pierre, apres la premiere conionction d'iceux , & non pas deuant, & faut que les corps soient tournez en non corps, & iceux en esprit.

FIN.

LES DOVZE SIGNES

du Zodiac qui sont cités en cet
œuure des douze Clefs.

Aquarius	♒	Ianuier.
Pisces	♓	Feurier.
Aries	♈	Mars.
Taurus	♉	Auril.
Gemini	♊	May.
Cancer	♋	Iuin.
Leo	♌	Iuillet.
Virgo	♍	Aoust.
Libra	♎	Septembre.
Scorpius	♏	Octobre.
Sagitarius	♐	Nouembre.
Capricornus	♑	Decembre.

STANCES A L'AVTHEVR.

I.

D'Vne substance seule on voit nai-
stre trois choses,
Et trois vnis ensemble il en naist l'v-
nité,
Dieu ayant tout reduit par sa diuinité,
Fit les diuersitez que nature a desclo-
ses.

II.

Vne Essence de soy de nature semblable,
Vne chere liqueur tiree de son côpost,
Dont l'Artiste a le soing, laquelle nous
forclost,
De tout soing de trauail & de toute
misere:

III.

Mais par ce seul moyen de si saincte
entreprise,
Faut regarder le têps lors qu'elle veut

dormir,

Et dans son temple sainct luy bailler &
fournir

L'Air, le Feu gracieux, & aussi sa
chemise:

IV.

Deux spermes nous aurons en vn
compost remis,

Reunis, adaptez au iardin d'excellĕce,

Où les oyseaux seront qui auront la
puissance

De resueiller ceux là qui estoient en-
dormis.

V.

Vous qui voulez seruir au temple
de Memoire,

Ayez esgard au tĕps d'excelliĕte beauté,

Car le Ciel Cristalin de tres-grande
clarté,

Nous fera veoir vn iour le pourpre
sanguinaire.

VI.

Comme l'enfant qui est nourry de la

mammelle,
Nous aurons mesme soing de ce qu'est
procreé,
Iusqu'au temps que le laict luy ait plus
aduancé
Son corps, pour luy donner viande qui
l'excelle.

VII.

Lors robuste en naissance & plein de
majesté,
Nous aurons vn grand Roy qui aura
la puissance
De gouueener les siens, & par sa pre-
uoyance,
Les pauures & chetifs il mettra en san-
té.

AVTRES STANCES EN
forme de vœu.

I.

*Ainĉte Flamme du Ciel, ſage
& ſainte conduiĉte,
Qui d'vn rien tout de tout as
fait de ſuite en ſuite,
Diſpoſant les humains par vn eſtroit
debuoir,
Collauder ton ſainĉt nom, ton ſacré
ſainĉt vouloir.*

II.

*L'ordre que tu as mis en l'Art & la
Nature,
Nous faiĉt voir en tes faiĉts vne riche
ſtruĉture,
Que la Terre & les Cieux qui ſont*

edifieᶻ
D'vn supresme vouloir ta main a or-
donneᶻ.

III.

Et puis apres ce corps où tu as mis
noſtre ame,
Eſt agitée touſiours de ta diuine flãme,
Laquelle vn temps viuant recherche le
mourir,
Pour le mortel ſuruiure en l'immor-
tel deſir.

IV.

Car la vie & la mort giſt en ta co-
gnoiſſance,
Que l'immortalité ſuruit par ſa naiſ-
ſance
Pour ſuiure les ſentiers de la vie ad-
uenir,
Tu veux que bien viuant ſoyons preſts
à mourir.

V.

Et l'homme ayant veſcu ſelon ta
ſainɐe grace,

Mourant il furuiura te voyant face
    à face,
Estant receu de toy pour sa derniere
    fin,
Où est ton sainct Soleil & le lieu Cri-
    stalin.

FIN.